TİTREŞİMİNİ YÜKSELT HAYATIN DEĞİŞSİN

DESTEK
yayınları

DESTEK YAYINLARI: 1109
KİŞİSEL GELİŞİM: 189

AYŞE TOLGA / TİTREŞİMİNİ YÜKSELT HAYATIN DEĞİŞSİN

İmtiyaz Sahibi: Yelda Cumalıoğlu
Genel Yayın Yönetmeni: Ertürk Akşun
Yayın Koordinatörü: Özlem Esmergül
Editör: Özlem Esmergül
Son Okuma: Devrim Yalkut
Kapak Tasarım: İlknur Muştu
Sayfa Düzeni: Cansu Poroy
Sosyal Medya-Grafik: Tuğçe Budak - Mesud Topal

Destek Yayınları: Mayıs 2019 (5.000 Adet)
6. Baskı: Temmuz 2019
7. Baskı: Ağustos 2019
8.-10. Baskı: Eylül 2019
11.-12. Baskı: Ekim 2019
13.-14. Baskı: Kasım 2019
15.-16. Baskı: Aralık 2019
17.-18. Baskı: Şubat 2020
19.-21. Baskı: Haziran 2020
22.-23. Baskı: Ocak 2021
24.-25. Baskı: Mayıs 2021
26. Baskı: Ağustos 2021
27.-28. Baskı: Kasım 2021
Yayıncı Sertifika No. 13226

ISBN 978-605-311-593-9

© Destek Yayınları
Abdi İpekçi Caddesi No. 31/5 Nişantaşı/İstanbul
Tel. (0) 212 252 22 42 – Faks: (0) 212 252 22 43
www.destekdukkan.com – info@destekyayinlari.com
facebook.com/DestekYayinevi – **twitter**.com/destekyayinlari
instagram.com/destekyayinlari
www.destekmedyagrubu.com

Deniz Ofset – Çetin Koçak
Sertifika No. 48625
Maltepe Mahallesi
Hastane Yolu Sokak No. 1/6
Zeytinburnu / İstanbul
Tel. (0) 212 613 30 06

Destek Dukkan

AYŞE TOLGA

TİTREŞİMİNİ YÜKSELT HAYATIN DEĞİŞSİN

DESTEK
yayınları

İÇİNDEKİLER

I. BÖLÜM
TİTREŞİM (REZONANS) NEDİR, NE DEĞİLDİR?

II. BÖLÜM
TİTREŞİM NEDEN DÜŞER?

III. BÖLÜM
TİTREŞİMİ YÜKSELTMEK MÜMKÜN

IV. BÖLÜM
YÜKSEK FREKANSA UYUM

UYGULAMALAR

*"Ruh üstattır, hayal gücü alet,
vücutsa şekil değiştiren bir malzeme."*

Paracelsus

I. BÖLÜM

TİTREŞİM (REZONANS) NEDİR,
NE DEĞİLDİR?

Titreşimi Artırmak Hayatı Nasıl Değiştirir?

Bu kitap, algıları çok açık bir kız çocuğu olarak büyüyen, dünyadaki yerini sorgulayan bir ergene dönüşen, sürekli kim olduğunu sorgulayarak dünyadaki misyonunu anlamaya çalışan bir yetişkin olarak vardığım noktadan ve bulduğum cevaplardan sonra açılan kapıların bir paylaşımı. Aromaterapiyle başlayan, deneyimlerimle bunu da geliştirerek dönüştüğüm ve bütünsel şifa terapisti olarak çalıştığım yıllar boyunca, maddesel boyutun çok ötesinde şeyler olduğunu bizzat deneyimledikten sonra artık bu bilgilerin daha fazla paylaşılması gerekliliğiyle yazmaya başladım.

Bu kitap, hayatımda deneyimlediğim, danışanlarımla paylaştığımda onların da olumlu değişimlerine şahitlik ettiğim bazı konuları içeriyor. Amacım hayatını daha dolu, doyumlu, sağlıklı ve mutlu hissetmeni sağlayacak bilgileri seninle paylaşmak.

İlk kitabım *İyilik Sende*'de bu konuda sana yardımcı olmak niyetiyle bütünsel sağlık üzerine bir başlangıç yaptım.

İyilik Sende adlı kitabımdaki amacım, yaşamının temel kavramlarını düzenleyecek bereket, ilişkiler ve dünyaya karşı olan bakış açını değiştirecek, hatta seni bir üst boyuta taşıyacak bir rehber yazmaktı. Öyle de oldu.

Ancak bu kez biraz daha ileriye gidelim istedim. Fiziksel âlemde bildiğimiz, alışkın olduğumuz şeylerin çok ötesinde yepyeni bir âlemi keşfetme arzusunda isen –ki ismi *Titreşimini Yükselt Hayatın Değişsin* isimli bir kitabı satın aldığına göre senin de bu arzuda olduğunu düşünüyorum– sen de bu yeni âlem ya da yeni dünyayı anlamak için yeni bir düşünce, yeni bir bakış açısı veya yeni bir kapı gerektiğini hissediyorsun.

Bu bir bilinç ise, bu bilinç aslında yeni değil, çok eski, hatta "kadim" bile diyebiliriz. İşte bu yeni âleme girebilmek için dünyada aslında binlerce yıldır var olan, bizden öncekilerin kullandığı kadim bilgileri tekrar hatırlamaya ihtiyaç var. Ben sana tüm bu bilgileri, eski ve yeni bilimsel kaynaklardan harmanlayarak, hatırlaman için kaleme aldım.

Hepimiz zorlu bir süreçten geçtiğimizin farkındayız. Aslında Maya takviminde ve eski kehanetlerde sözü edilen zamanlardayız.

Küresel ısınma, doğal felaketler, insanlığın durumu, savaşlar, sosyal medyada şahit olduğumuz insanlığın ahlaki ve erdemsel erozyonu derken, dünyamızın her anlamda delirdiğine şahitlik ediyoruz.

Bu boyut sana dayanılmaz, kaotik, korku ve kaygı verici geliyor olabilir. Ancak benim anlayışıma göre, şu anda dünyada yaşananlar öngörülen şeylerdir. Her boyutta değişen bilinç alanları sebebiyle yaşanan çok uç zıtlıklar yüzünden böyle hissediyoruz. Dünyamız değişiyor, titreşimi değişiyor. 1970'lerde ünlü bir tiyatro oyunu vardı: *Durdurun Dünyayı İnecek Var.*

Eh deli gibi dönen şu dünyadan inemeyeceğimize göre, onun enerjisine uyumlanmayı öğrenerek, düşmeyi değil yükselmeyi deneyimleyecek eylemlerde olmamız çok daha mantıklı olacaktır.

Yeni dünya düzenine doğru yer alan yüksek bilinçler arttıkça aslında şifanın ne demek olduğunu daha derinden anlayacağız. Hastalık diye bir şeyin olmadığını, aslında sadece hastanın olduğunu anlayacağız. Hastanın ise aslında en temelde bedensel enerji dengesi bozulan kişi demek olduğunu öğreneceğiz. Çünkü her şey enerjinin dengesinden geçiyor. Enerjimiz kaynaklarımızı, dengesi ise titreşimimizi, titreşimimizse frekansımızı belirliyor. Enerji kaynaklarımız frekansımıza uygun ya da daha yüksek olursa her boyutta sağlıklı olacağız.

"Sağlıklı olmak" tanımımın içinde tabii ki zenginlik, maddi refah, neşe, sağlıklı sosyal ilişkiler ve sağlıklı romantik ilişkilerin de yer aldığını anlamak gerekiyor.

"Eğer evrenin sırlarını bulmak istiyorsan,
enerji, frekans ve titreşimi düşün."

Nikola Tesla

Hayattaki her şeyin enerji ve titreşimden ibaret olduğunu ileri sürüyor hayranı olduğum Nikola Tesla. Titreşimi anlamadan önce, çok daha öz bir bilgiyi, enerjiyi anlamak gerekir. Her şeyin özü, enerjidir. Kütle ise, enerjinin yoğunlaşmış halidir. Canlı cansız, her şeyin enerjisi vardır, dolayısıyla titreşimi de vardır. Mesela sevgi de enerjidir, besin de, insan da, düşünce de enerjidir. Bütün evren, yaşayan ya da yaşamayan şeyler yüksek titreşimlerden oluşur. Enerji sürekli titreşerek bir salınım oluşturur. Bu salınım da frekansa dönüşür. Yaydığımız titreşimler, dünyayla titreşim halindedir.

Dünyanın enerji alanları değişiyor, dolayısıyla titreşimi de değişiyor. Sonuç olarak frekans da değişmekte ve tüm evren büyük bir geçiş dönemine girmektedir. Biz de dünyanın geçirdiği değişikliklerden etkilenmekteyiz. Bu yüzden bedenimizin tüm enerji alanları atom altı düzeyden hücresel düzeye kadar yeni bir denge haline geçmekte, bu da tüm hayatımızı, organlarımızı etkilemektedir.

Söz konusu değişim, büyük bir içsel biyolojik gerilime sebep olmakta, bazen hastalık, bazen yorgunluk, bazen duygusal kaoslar ve çalkantılı haller şeklinde kendini göstermektedir. Hepimiz aslında üzerinde yaşadığımız toprakla (Gaia) tam bir bütünlük içinde olmalıyız, ancak değiliz. Bütünlüğün bozulması halinde kişisel boyutta hastalıklar, mutsuzluklar, kavgalar, global boyutta savaşlar ve kaos kaçınılmaz hale geliyor.

Nedeni ise doğru enerji kaynaklarıyla beslenmemek, enerjiyi doğru kullanmamak...

Şimdi bana "Hislerle dünyanın böyle olmasının ne ilgisi var?" diyebilirsin.

Kafan mı karıştı?

Bil ki evrendeki her şey birbiriyle bağlantıda. Her şey bir, birbiri içinde, birbiriyle etkileşim halinde. Enerji, duygu, düşünce ve fiziksel boyutta bu böyle... Yani hologramik olarak bağlı. Bu kitapta her şeyi holistik anlayışla anlatacağım, yani ruhumuzun, bedenimizin, zihnimizin de üstünde evrendeki her şeyin bir bütün olduğu yaklaşımıyla, birimizin hepimiz olduğunu derinden anlayacağız. Bütün bu bilgileri bilimsel kaynaklarla ve kadim öğretilerle anlatacağım.

Her şeyin birbiriyle bağlantıda olduğu holografik evrenin ne olduğu anlaşılınca bu deli enerji akışı içinde frekansımızı nasıl düşürmeden kalabileceğimizi, tam tersine her daim yükselterek, bu enerjilerin içinde nasıl var olabileceğimizi öğreneceğiz.

Ama her şeyden önce bütünselliği anlamak gerekir.

"Topumuz bir tek inciyiz, bir tek.
Başımız da tek, aklımız da tek.
Ne diye iki görür olup kalmışız
İki büklüm gök kubbenin altında, ne diye?"

Mevlana

Holistik Yaklaşım ve Holografik Evren

Nedir holizm?

Yunanca "holos" yani "bütün" sözcüğünden türetilmiş bir şifa yaklaşımıdır. Yaşam bir döngüdür ve bu döngünün bir dengesi vardır. Holistik yaklaşım, kişinin kendi bedeni, zihinsel ve ruhsal farkındalığını artırarak döngüdeki dengeyi korumayı ve canlının kendi doğasındaki iyileşme potansiyelini harekete geçirmeyi hedefler. Titreşimini bozan, kendi bütünlüğünü engelleyen durumları ve sistemleri dengelemesine yardımcı olur.

Anda Kalmak ve Holografik Evren

Sence neden tüm Uzakdoğu öğretilerinde zihinden kurtulmak, yalnızlık hissine karşı güçlenmek, ait olduğun yerle, yani yuvanla aranda bütünlük hissini oluşturmak için anda kalman öğütlenir?

An nedir?

Bir zaman kavramı mıdır?

An, tam da şimdi mevcudiyetidir. Sadece varoluşun coşkusu saklıdır içinde. Hayat geçmişte ya da gelecekte değil, anda gerçekleşir. Ama aslında her şey, yani tüm zaman şu anda, buradadır. Bütünsel yani holografik bakış açısıyla, geçmiş, şimdi ve gelecek diye adlandıran 3. boyut bilincinin çok üstünde tek bir an olan zamanda, yani 2019'da, bu kesitte birlikte yaşıyoruz. Tüm galaksi, sonsuzluğun ötesindeki sonsuzluk olarak, yıldızlar, gezegenler, güneş sistemleriyle beraber biz de her zerremizle hologramın bir parçasıyız ve evrendeki her şey bir halının motifleri gibi tüme bağlı.

Ağustosböcekleri ve kurbağalar aynı ritmi yakalayarak seslerini birbirleriyle koordine ederler. Bitkiler de birbirleriyle bilinçli titreşim halinde haberleşebilirler. İnsanların ruh hallerinin yaydığı titreşimler de onları büyük ölçüde etkiler. Bu gerçeklik, bilimsel deneylerle de ispatlanmıştır.

Einstein, uzay ve mekânın birbirine bağlı olduğunu söylediği zaman dünya hayret etmemiş miydi? Kuantum fiziğini bulan David Bohm bu görüşü ileriye taşıyarak, "Evrende her şey birbirinin devamıdır ve süreklidir" dediğinde ne olmuştu peki? Bu felsefeye bakarak, her şey, aynı şeydir; bölünmez ve tektir diyebiliriz.

Michael Talbot hayatımda çığır açan *Holografik Evren* adlı kitabında konuya bir fizikçinin bakış açısıyla metafizik bir açıklama getirip, beni muhteşem bir şekilde aydınlatan şu sözleri söylemiştir:

"Evrenin yapısı tüm bilimadamlarını her zaman meşgul etmiştir. Çeşitli görüşlere ilaveten zaman ve mekâna bağlı olmayan elektron bulutları, meteorlar, kar taneleri bir hayal âleminde yaşadığımızın göstergeleri olabilirler. Bu görüşü bazı mistikler –sufiler– de savunmaktadır. Bu konuda günümüzde giderek artan sayıda bilimadamı da aynı görüşleri paylaşmakta; paranormal ve mistik olaylarla, telepati, psikokinesis ve dokunmadan cisimleri hareket ettirebilme özelliklerinin bu nedene nasıl dayalı olabileceğini araştırmaktadırlar. 1980'de Dr. Kenneth Ring yaptığı ölüm öncesi deneyleri sonucunda ölümü, bilincin bir hologramik boyuttan diğerine geçişi olarak tanımlamıştır. 1987'de fizikçi Alain Wolf, yakaza halindeki rüyaları, bilincin başka boyutlara seyahati olarak tanımlamıştır. 1982'de Paris'te fizikçi Alain Aspect, Teorik ve Uygulamalı Optik Enstitüsü'nde atom altı parçacıkların bulutumsu hareketlerinin kesinlikle holografik özellik gösterdiğini deneyle kanıtlamıştır."

Yani evren ya da kozmosta her şey, gizli iradenin kesintisiz holografik yapısıdır. Talbot'un holografik evren teorisine göre parçalardan söz etmek anlamsızdır, çünkü ayrı olan bir şey yoktur! Bu yukarıdaki barajdan akan suyun aslında musluktan geldiğini söylemek gibidir. Ana kaynağın parçalarını ayrıştırarak anlatmak mantıksızdır. Bu yüzden elektron, ilk temel madde değildir; holohareketin (bütünsel tek bir eylem) bir görünüşü-dür. Biliyorum fizik dersinde gibi hissettin kendini, ancak inan ki biraz daha bilgi ile her şeyi daha iyi kavrayacaksın.

Holos bütünsel bakış açısıyla anlatmaya devam edeyim, mesela evrende, canlı-cansız ayrımı da yoktur desem ne dersin?

Evrende, hareketli ve hareketsiz maddeler ayrılamayacak kadar iç içedir. Yaşam da evrenin bütünlüğüyle sarmalanmıştır. Bilinç, yaşam ve gerçek; evrenin dokusunu oluşturur. Bu üçlemeden elde edilen doku, yaşamın içinde şaşırtıcı sonuçlar verir. Ayrılmaz bir benzerlik, birbirini sürekli takip eden bir döngü. Dairesel bir döngü ve aynılık... Makronun ve mikronun içindeki aynılıktan bahsediyorum. Makro, yıldızlar ve gezegenler, galaksiler... Mikro hücreler...

Ünlü bir moleküler biyolog olan Profesör Michael Denton, hücrenin yapısını incelerken mikroskobik çalışmaları sonucunda vardığı şaşırtıcı bilgiyi şöyle paylaşmış: "Moleküler biyoloji tarafından ortaya çıkarılan yaşam gerçeğini kavrayabilmek için, bir hücreyi yaklaşık bin milyon kez büyütmemiz gerekir. Bu durumda hücre, New York ya da Londra gibi büyük bir şehri kaplayacak boyutta dev bir uzay gemisine benzeyecektir. Hücrenin yakınına gelip onu incelediğimizde, üzerindeki milyonlarca küçük kapıyla karşılaşırız. Ve eğer bu kapıların herhangi birinden içeri girersek, olağanüstü bir teknoloji ve bizi şaşkınlığa düşürecek bir komplekslikle yüz yüze geliriz" (Denton, 1985). Holografik evrende her şey birbiriyle bütündür. Vücudumuzdaki her hücrenin tüm evreni içermesi gibi. Her yağmur damlası ve her yaprağı da! Hologramın bir mikronluk zerresinin, tüm evrenin özelliklerini içermesi gibi; eğer ulaşmasını ve görmesini bilirsek her zerrede kâinatı, her anda tüm anları deneyimleyebiliriz. "Tüm anlar" dedim dikkat ettiysen, "anlar" denilen şeylerin bir başlangıç ve sonucu içerdiğini düşünüyorsan bu kitapta biraz daha sınırlarını zorlayacağım. Geçmiş ve geleceğin birbirinden ayrı olduğunu düşündüğün bir çizgisel zaman inancında yaşadığımız için, tüm anların şu anda, şimdi olduğunu kavramak güç olacak. Şimdilik...

"Zaman hiç de göründüğü gibi değildir.
Sadece bir yöne doğru hareket etmez ve gelecek,
geçmişle aynı zamanda mevcuttur. "

Albert Einstein

Titreşim veya rezonans nedir?

Yunanca "resonanti", "akis"ten gelir. Rezonans, eko, yankı, titreşim demektir.

Titreşim, fizikte kullanılan elastik cisimlerin periyodik olarak yaptığı ileri geri hareket sonucu oluşur. Uygulanan kuvvetin frekansı, uygulanan nesnenin frekansı ile aynı olursa, frekansın büyüklüğü artar ve buna da titreşim (rezonans) denir. Frekans, 1 saniyedeki titreşim sayısıdır. Her cismin, her maddenin, her organın, kısacası tüm sistemin bir frekansı vardır. Yani evren sabit maddesel boyutta gözümüze gözükse de her an titreşen canlı bir organizmadır. Herkes titreşimleriyle bir rezonans oluşturur ki bu da bir frekans yayar. Evrendeki her şeyin birbiriyle titreşimler aracılığı ile nasıl iletişim halinde olduğunu anladığımız noktada bakış açımız, yaşamımız değişecektir. Vücudumuzun atom altı parçacıklarına kadar her bir hücresinin ve kâinattaki bütün nesnelerin, hatta bütün canlıların kendilerine has bir titreşimleri vardır.

Evrende her şey hareket eder ve titreşir, ancak evrendeki her şey birbirinden farklı hızda titreşir. Etrafında gördüğün her şey farklı hızda titreşir, buna sen de dahilsin. Her şeyin titreşimsel enerjisi var, masanın, arabanın, resmin, taşın hatta düşüncelerimizin ve hislerimizin bile titreşimsel enerjisi var! Aynı şey madde için de geçerlidir. Maddenin titreşim enerjisini incelediğimizde farklı objelerin genellikle farklı frekanslarda titreştiğini görürüz. Bazıları da aynı ya da benzer frekansta titreşir.

Bunu piyanodan da biliriz; piyanonun herhangi bir tuşuna bastığımız zaman, bu tuşla uyumlu olan diğer bütün teller de titremeye başlar. Notaların daha pes ya da tiz olması, hiç önemli değildir. Uygun frekansta olmaları onların titreşime geçmeleri için yeterlidir. Diğer insanlar, nesneler veya olaylar, eğer bizimle aynı frekansta iseler, içimizde oluşturduğumuz titreşim alanına karşı koyamazlar. Bizim frekansımızdaki olaylar, ortam ve kişilerin titreşimlerimize tepkisiz kalmaları mümkün değildir. Nasıl ki piyanonun basılan tuşuyla aynı frekanstaki diğer teller tuşun hareketiyle titreşmek durumunda kalıyorsa, bizimle aynı frekanstaki insanların, nesnelerin ve olayların da bizim titreşimlerimize katılmaktan başka seçeneği yoktur.

Aslında doğadan, insanlardan, ağaçlardan, bitkilerden kopmuş gibi gözüksek de, kopmadık. Hepimiz titreşim seviyelerindeyiz, hepimiz aynı enerji kaynağına bağlıyız. Bir masa katı ve durgun durabilir ama aslında altında dönen, hareket eden milyonlarca atom altı parçacık vardır. Masa, saf bir enerjinin maddeleşmiş halidir ve hareketlidir. Titreşimi görmemen masanın orada olmadığı anlamına gelmez. İnsan bedeninin doğal titreşim düzeyi saniyede ortalama 300 titreşimdir.

Bilim her şeyin titreşimden oluştuğunu kanıtladı. Sen, ben, bayılarak aldığın ahşap masan, kristallerin, telefonun, bahçendeki kirpi, toprağın altındaki solucan, araban. Şimdilik maddesel olanları söyledim, her şeyin titreşimsel frekansı var, hepsi titreşimsel olarak seninle iletişimde. Duyguların, düşüncelerin, hislerin de... Hissetmek istiyorsan, kalbini ve zihnini açık tutmalısın. Nasıl yapacağının cevabını bu kitapta bulacaksın.

Evrendeki Tüm Cisimler Çevreleriyle Enerji Alışverişi İçindedir

Bütün fiziki maddeler enerji yayarlar ve aynı zamanda enerji alırlar. Evren aralıksız olarak enerji verip enerji alan bir sistemdir. Bütün cisimler var olabilmek için enerji tüketmeye ve enerji üretmeye, dolayısıyla çevresiyle enerji alışverişi içinde bulunmaya mecburdur. Canlılar çevreyle sürekli bir enerji alışverişi içerisindedir, ancak kendi bünyeleri içerisinde sürekli bir enerji dönüşümünü de gerçekleştirmektedirler.

Dünya üstündeki canlıların yaşamına detaylıca bakacak olursak, sadece biyokimyasal ve biyofiziksel düzeyde bir enerji akışından söz edebiliriz. Bu kesintisiz enerji akışı, aynı zamanda kendi içindeki enerji dönüşümleriyle sürüp gitmektedir. Vücudumuz muhteşem bir makinedir ve mükemmel organizasyonla dışarıdan aldığı materyalleri ihtiyaçlarına en uygun biçimde enerjiye dönüştürüp bu enerjiyi en uygun yerde kullanabilecek şekilde programlanmıştır.

Bahsettiğim enerji dönüşümü, yani canlılığın fiziksel düzeydeki madde ve enerjileri alıp dönüştürdüğü gerçeği sadece fiziksel boyuttaki gerçekliği tanımlar. Diğer boyutlarsa, kadim zamanlardan günümüze kadar gelen ezoterik bilgilerle modern araştırmaların ortaya koymaya başladığı gerçekliklerdir. Gerek kadim öğretiler gerekse modern araştırmalar canlılığın sürmesinde, daha süptil ve daha asli olan başka bir enerjiye işaret ederler. Bu enerjiye tüm evrene yayılmış olan yaşam enerjisi veya vital güç denir. Üstelik yaşam enerjisi olmaksızın fizik yaşamın var olamayacağı da ileri sürülmektedir.

Her maddenin her atomu, sürekli hareket halinde olan elektron ve protonlardan oluşur. Elektron ve protonlar elektrikseldir ve manyetik enerji titreşimleridir. Canlı maddenin atomları, cansız maddenin atomlarından daha aktiftir ve titreşimleri daha yüksektir. Bu nedenle ağaçların, bitkilerin, hayvanların ve insanların enerji alanları daha kolay saptanabilir ve görülebilir.

Atomik yapısı olan her şey (canlı ve cansız dediğimiz her şey) kendisini çevreleyen bir enerji alanına sahiptir. Canlı ve cansız varlıkların etrafındaki enerji alanına ise aura denir. Kristallerin, bitkilerin, hayvanların ve insanların birbirlerinden farklı titreşimleri olan auraları vardır.

Olağan durumlarda bitkilerin, hayvanların ve insanların enerji alanı, psişik yetenekleri gelişmiş olan kişiler tarafından görülebilmektedir. Bazıları bu yeteneğe doğuştan sahiptirler. Bazen bu yetenek, kimi insanların yaşamlarının belirli bir anında kendiliğinden ortaya çıkabilir. Bazılarında ise, spiritüel nitelikteki disiplinlerin kapsamında yer alan çeşitli uygulamalarla geliştirilebilir. Doğru bir tekniği uygulayan her bireyin psişik yeteneklerini geliştirme, auraları görebilme şansı vardır.

Titreşim genel sağlığını etkileyebilecek temel etmenlerdendir. Evrendeki her şey enerjiden oluşmuştur ve farklı titreşim düzeyindedir. Katı duran her şey kuantum seviyesinde titreşimsel enerjiden oluşmuştur. Tabii ki buna sen de dahilsin. Bilimsel ve metafiziksel perspektife göre fiziksel, zihinsel, duygusal ve spiritüel olarak farklı enerji seviyelerinden oluşuyoruz.

Her seviyenin farklı titreşimsel enerjisi vardır ve bu genel titreşimi de etkiler. Her titreşim düşük ve yüksek titreşim olarak ilerler. Eğer enerjin düşükse, sağlığın bozulur, bir anda negatif insanlarla çevrelenebilirsin, işlerin ters gider, paran bir türlü elinde kalmaz.

Şaşırdın mı?

Ama enerjin yüksekken, akışa güzel bir şekilde uyarsın. Hayatına ilham veren insanları alır, iyimserlikle başlarsın. İşlerin iyi gider. Başkalarına göre dünyada şanslısındır. Ya da bu kitabı okuduktan sonra anlayacağın üzere, titreşimin yüksek olduğu için şansı kendin davet etmişsindir.

Peki ama nasıl?

Kanatlanmadan Uçmak

Titreşimlerimizde karanlık ve aydınlıkları birbirinden ayırıp ilgilendiğimizi seçmeliyiz. Yardım yüksek titreşimli olanlardan gelecektir. Düşük enerjili insanların yanında rahatsız hissedecek, yüksek enerjili insanlarla beraber olmak isteyeceksindir. Yüksek enerjiyi seçmek emek gerektirecektir. Artık onaya ya da uyum sağlamaya ihtiyacın olmayacaktır çünkü sen odadan çıkan minik bir ışık gibi olacaksındır. Düşük titreşimde olanlar ancak istedikleri zaman enerjilerini yükseltebilecekler.

Unutma ki enerjin yüksek oldukça, sen de destek olacak yüksek enerjili insanları daha kolay bulabileceksin. Yeni dünyayı yaratma sürecinde aktif ve bilinçli bir katılımcı olma ve titreşimini artırma zamanın geldi. Burada bahsi geçen titreşim, senin kişisel enerji frekansındır. Yani yaşadığın her anın, aklından geçirdiğin her düşüncenin, gerçekleştirdiğin her hareketin doruk noktasıdır. Vücudundaki her hücrenin etrafını saran ve içine nüfuz eden enerji budur. Titreşim senin ilahi imzan, ruhunun özüdür ve yalnızca sana özeldir. Tıpkı birbirinin aynısı iki kar tanesi olmadığı gibi tüm evrende iki ruh da aynı isme ya da aynı ruh imzasına sahip değildir. İşte bu inanılmaz derecede benzersiz ve özel bir şeydir. Titreşim, iç düşüncelerinin, duygularının, inançlarının ve her bir sözcük seçiminin doğrudan yansımasıdır. Senin titreşimin, kendine, dünyaya ve diğerlerine ne kadar "iyi" baktığındır. Titreşimin ne kadar yüksek olursa, tuttuğun ışık miktarı da o kadar artar, ışık parçacıkların titreşir, bilincin de o kadar yüksek olur, ruhuna ve Tanrı'ya da o denli güçlü bağlanırsın.

Allah, Yaradan, ışık, yaratıcı, büyük zekâ, Tanrı, yüce güç, Brahma... O'na ne dersen de, O'nunla yani ait olduğun kaynakla bağlantın kuvvetli olduğunda, istediğin gerçekliğin frekansına uyumlanır, sadece bu gerçekliği yaşarsın.

Hep başarısız, parasız, kısmetsiz, sağlıksız ve şanssız mısın?

Değilsin... Sadece bağlantıda olduğun kaynaktan uzaklaştın, O'nun sende olduğunu, senin de O'nda olduğunu hatırladığında, işte o zaman gerçekten ait olduğun cenneti yaşarsın.

Nasıl mı?

Titreşimini yükselterek ve o frekansla uyumlanarak...

Titreşim seviyen düşük olduğunda, atomların yavaş yavaş titreşir ve yoğunlaşır. Dalga boyu uzar ve frekansın düşer. Buna çok farklı etkenler sebep olabilir. Bedenine, ruhuna ve ilahi benliğine uymuyor, düşük öz ya da egonla yaşıyorsundur. Bedeninin ihtiyacı olan, hücrelerinin canlılığına ve titreşimine uygun olmayan düşük frekanslı yiyecekleri yiyor, iyi nefes almıyor, egzersiz yapmıyor, çok fazla elektromanyetik alana maruz kalıyor, saptırılmış inançlar, korkular, kızgınlıklar, kırgınlıklar, suçlamalar, suçluluk, kıskançlık, yargılamalar, utançlar, bağımlılıklar, affedilmezlik, şartlı sevgi, kişisel değer eksikliği, açgözlülük, ayrılık düşüncesi ve zayıflık duyguları yaşıyorsundur. Sana göre bütün bunlar hayatın gerçeği olabilir, problemli bir eşle, mecbur kaldığın için çalıştığın bir işle bu satırları okuduğunda bana kızıyor olabilirsin. Ancak bana göre bu gerçekliği var eden yine sensin. Düşük frekanslı duygu ve düşünceler, senden çok önce bilinçaltına yerleşmiş ve senaryoya seni inandırmışsa, sen tıpkı uzaktan kumandalı bir robot gibi bilinçaltındaki senaryoyu oynayacaksındır. Hissettiğin, ama artık kanıksadığın bu yoğun ve düşük enerjili düşünceler, duygular ve inançlar seni düşük titreşim kanalı içinde tutar.

Titreşiminin düşük olması enerjinin ağır olmasındandır. Enerjini yükselttiğinde titreşimin yükselecektir. Titreşim yükseldiğinde frekansın da yükselecektir. Yüksek titreşimsel bir varlık haline geldiğinde kendi içindeki ve başkalarının içindeki ilahiliği tanıyabilir, anlayabilirsin. Yüksek titreşim sayesinde ruhunla aynı hizaya gelir, beslenir, canlanır, sağlık bulur ve hayatını kolaylıkla, zarafetle sürdürürsün.

Birey olarak kendimizi fiziksel görünüşümüzle, bedenimizle tanımlasak da, aslında biz enerjiden, hafif varlıklardan başkası değiliz. *Her şey bir enerjidir!* Her düşünce, duygu, söz ve "şey" enerjidir. Katı gibi görünen her şey, aslında iyice sıkıştırılmış enerji parçacıklarıdır ve şekil, biçim olarak fiziksel bir madde oluşturur. Bedenimiz, ebedi olmayan bölümümüz; duygusal, zihinsel ve ruhsal enerji katmanlarımızdan oluşan ebedi tanrısal özümüzle çevrilidir. Biz, fiziksel bedenimizden çok daha fazlasıyız. Gerçekten çok boyutlu, enerjik, manevi varlıklar olarak fiziksel bir insan tecrübesine sahibiz.

Enerjik bedenimizin birçok katmanını biçimlendirmemiz kendimiz için önemlidir. İşte bu, kendi kendimizi güçlendirmenin anahtarıdır. Ruhumuzun gücünün bilincine vardığımızda ruhumuz, kendimizi bütün katmanlarıyla bütünleştirmeye başlayacak ve bizi ruhen, bedenen bütünlüğe kavuşturacaktır. Her birimiz, gerçekte kim olduğumuzun farkına varmalı ve tüm enerjimizi geri kazanmalıyız.

Artık titreşimimizi ve enerjimizi yükselterek iyiliğe odaklanma zamanı... Bu, bir kişinin aydınlığa, gerçek manevi öze ve gerçek kimliğine dönmesidir. Bu oluşum gerçekleştiğinde, asla aynı kişi olmayacağız, kendimizden ustalığa, daha yüksek bir bilince, daha evrimleşmiş bir kimliğe bürüneceğiz.

Birisinin bizi kendimizden ya da kendimiz dışındaki bir şeyden kurtarmasını beklemek, öz benliğimizi küçümseyen ve bizi hiçbir yere götürmeyecek bir anlayıştır. Kimse bizi kurtaramaz! Bizi bizden başka kimse kurtaramayacak. Kendi kendimizi kurtarmalıyız. Kendimizi iyileştirmeliyiz ki böylece gezegeni iyileştiririz.

Kendi titreşim ve kurtuluşumuz için kişisel sorumluluklarımızı almalıyız. Artık güçlerimizi hükümetlere, herhangi bir dine, sağlık sistemine ya da finansal sisteme bağlamayalım. Değiştirme gücü, tamamen bizde! Herkes kendi ruhsal büyümesinin ve ruhsal gelişiminin sorumluluğunu almalı ve "şeyleri" gerçekleştirmeye çalışmaktan, ilahi gücün kendine olan bağlılığına odaklanmalıdır. Her birimiz, kendimize ait olan, ancak reddedilmiş tüm parçalarımızı bütünlüğe ulaştırabilmek için, ego yanılsamalarımızdan kurtulmaya, titreşimimizi düşüren negatif inançlarımızla bir bir vedalaşmaya, gölge bilincimizin karanlığına artık ışığın doğmasına izin vermeliyiz. Bu süreçten feragat etmeye hazır olmalıyız. Her boyutta kıyametin yaşandığı gezegenimizin kitlesel bilinci bizlerin bilinci doğrultusunda yükselecek. Ancak ne yazık ki, pek çok kişi, maddi dünyanın fiziksel illüzyonuna boğulmuş, kendi ihtiyaçlarını gidermekle deli gibi meşgul... "Ben" bilincinde bebek ruhlar...

Bedenleri çok düşük frekansta titreşiyor. Yüksek titreşim frekanslarına uyum sağlamada zorluk çekiyorlar. Olanlardan habersizce dönüşüm sürecine direniyorlar ve titreşimlerini artırmak için gerekli olan içsel dönüşümü engellemek için ellerinden gelen her şeyi yapıyorlar. Endişe, kaos, drama, savaş, karışıklık, stres, öfke ve düzensiz davranış, insanlığın bu ilahi ışığı almaya karşı olan direncinin semptomlarındandır. Dünyanın karmaşası, kendi iç kaosunun bir yansımasıdır. Ancak elbette bu bizi karamsarlığa sürüklemesin, çünkü bizler gezegende daha fazla karanlığın var olduğuna değil, aynı zamanda bizlere nüfuz eden daha fazla ışığa sahip olduğumuza odaklanmalı, her birimizin içindeki karanlığı sahiplenmek, sonrasında iyileştirmek, dönüştürmek ve serbest bırakmak üzere yüzeye çıkarmalıyız.

Satırlarımı okuyan sevgili okur, içini ferah tut. Çünkü bu dönem, ruhsal bir arınma dönemi. Her birimiz ruhsal detoks dönemindeyiz. Bilincimizi artırmak, titreşimi artırmakla paralel ilerleyecektir ve zaten pek çok şuurda başlamış olan Altın Çağ'a girmek istiyorsak bilinçli ve öncelikli olmak zorundayız. Hepimizin yaşadığı çevrede fiziksel dünyanın oyununa kapılmış, ego bilincinde çok düşük frekanslı kardeşlerimizin evrenimizde ve hayatlarımızdaki bilinçsiz veya bilinçli engellemelerine rağmen, manevi özümüze yatırım yapmamız, kişisel titreşimlerimizi artırmak, dönüşüme aktif olarak katılmak için bilinçli bir karar vermemiz, bu uğurda disiplinli bir şekilde kendimizi terbiye etmemiz gerekiyor. Böylece bu zaman diliminde kolaylıkla ve zarafetle hareket etmemiz mümkün olacaktır. Enerjimizi nerede yoğunlaştırdığımız önemlidir! Eğer enerjimizi ruhsal gelişim ve duygusal temizliğe odaklıyorsak, titreşim artacaktır ve bilincimiz çoğalacaktır. Ne de olsa, dünyamızı yaratan bizim bilinç durumumuzdur. İşte bu denli öneme sahip titreşimimizi artırmanın birçok yolu var. Şu anda yapabileceğimiz en önemli şey, niyetimizi ifade etmek, sistemli bir şekilde enerjimizi temiz kanal halinde bırakarak, frekansımızı yükseltmektir.

"Kendi yükselişim için gerçeği bulabilmek adına,
içimdeki ilahi ışıkla ilahi bilincimin titreşimini
yükseltmeye hazırım."

İşte niyetimi temiz bir şekilde ifade ettim. Bu kitap titreşimini artırmak için hedefini her gün tek tek belirterek, düşüncelerini ve inançlarını değiştirerek, hislerinle temasa geçerek, toksik duyguları anlatırken, konuya egoyu da dahil ederek, evrende hâkim olan gölge bilincinin üstesinden gelmeni kolaylaştıracak basit uygulamaları içeriyor. Haydi defterini kalemini al ve bir liste yap. Aşağıdaki sorularıma, sakin bir ortamda, kendinle baş başa kalarak ve kendine objektif yaklaşmaya çalışarak, dürüstçe cevaplar ver.

• Hayatını gözden geçir. Hayatındaki neleri, hangi olayları ve davranışları değiştirmek istersin?

• Sana zarar verenlerin listesini yap. Duygularını izle, kızgın mısın? Üzgün mü? Haksızlığa uğradığın için isyan mı hissediyorsun? Onların ruhuyla, içten bir şekilde konuş ve onlara nasıl hissettiğini söyle. Gerçek güçle ilerleyebilmen için hangi dersin öğrenilmesi gerektiği konusunda ilahi gücüne sorular sor.

• Zarar verdiğin herkesin bir listesini yap. Onlarla kalbinin derinliklerinden konuş ve özür dile. Kendine sor, ben buraya hangi dersi öğrenmeye geldim diye. İdrak etmem, görmem gereken şey nedir? Böylece aynı yanlışı bir daha tekrarlamayacaksın.

• Unutma ki, içerisi neyse dışarısı da odur. Evren senin deneyimlerini yaşar. Yaratacağımız her şey Yaradan enerjisiyle yapılır. Seçimlerini gözden geçir. Yaşadıklarını gözden geçir.

"Dünyadaki her şeyin bir sebebi vardır.
Her bitki bir hastalığı tedavi etmek için büyür.
Ve her insan bir görevle yaratılmıştır."

Apaçi Kızılderilileri Atasözü

Ne güzel demiş değil mi Kızılderililer? Peki senin görevin nedir? Şu anda bu içeriği okuyorsan ya da okumaya devam etmek istiyorsan, muhtemelen aslında sen; evrimsel bir öncü, paradigma eğilimi belirleyicisi veya bilinç değiştirici kişilerdensin. Yani değişim istiyor, değiştirmek istiyorsun. Ancak kendini tanıyorsan, bir fark yaratmaya geldiğini, hatta belki de derin bir fark yarattığını biliyorsundur. İşte bununla yüzleşelim istiyorum. Çünkü en iyi niyetli ruhlara sahip olanların bile büyük umutları gerçeklerin karmaşası içinde kaybolabiliyor. Sadece yaşamımızı devam ettirmek için, sadece hayatta kalabilmek için çabalıyorsak, değişim amacını izleyebilmek, yerine getirebilmek oldukça zordur. Belki de bu dünyaya ne yapmak için geldiğini, amacının ne olduğunu hatırlıyorsun. Ancak herhangi bir korku, endişe veya şüphe nedeniyle kalbini ve ruhunu ihmal ettin, hatta kendine ihanet ettin ya da belki de buraya ne yapmak için geldiğini unuttun ve hayatının amacını arıyor ama asla bulamıyorsundur. Gerçek şu ki, görevini yerine getirmek için hayatta olma amacının özelliklerini hatırlamana gerek yok. Sadece tek bir şeyi hatırlaman gerekiyor.

Sen, ben ve şu an dünyada yaşayan milyonlarca insan dünyayı bir sonraki bilinç seviyesine döndürmek için burada bulunuyoruz. Amacımız, savaştan, yoksulluktan ve hastalıklardan arınmış, aydınlanmış bir gerçeklik paradigması ortaya koymaktır. Biz "Yeni Rüya"yı ortaya çıkaranlarız ve her birimizin burada oynayacağı önemli bir rol var. Dünyanın içinde bulunduğu kaos çok zor görünebilir. Ancak unutma ki, sen yalnızca kendi özel görevlerini yerine getirmelisin. Eğer içine girdiğin korku, şüphe ya da bunalım bir "Bilinç Değiştirici" olarak amacını gerçekleştirmeni engellerse, önemli noktayı kaçırırsın.

Belki senin amacını farklı şekillerde ifade etmene izin veren özel hediyelerin veya yeteneklerin vardır. Ancak dürüst olmak gerekirse bu bir gereklilik değildir. Bu görkemli yaşam sürecinde temel rolün, başkalarına şifa vermek ya da başkalarını eğitmek ve tek elle dünyayı değiştirmek değil, sadece kendi evriminden sorumlu olmaktır. Senin en özel yanın kendi bilincinin gelişimi ölçüsündedir. Bu hayatta bulunma amacın, kendini geliştirmektir. Bu nedenle bir öğretmen, şifacı veya yenilikçi olabilirsin. Ancak bütün bunlar kendi evriminin bir yan ürünüdür. Yeterince gelişmemiş ya da durağan devam eden bir durumdan değişimi öğretmeye, iyileştirmeye ya da ilerletmeye çalışmak sadece burada dönüştürmek için çabaladığımız eski paradigmaları güçlendirir. Sana bir tavsiye; başkalarını uyandırmak istiyorsan, önce kendin uyanık olmalısın!

Peki, buradaki görevimiz nedir ve görevimizi nasıl yerine getiriyoruz?

Evrimin sırrı titreşimdir

Koskocaman bir şehir boyutundaki dev kristallerden, bir pencereye düşen her bir küçük yağmur damlasına kadar her şey titreşimdir. Sen, ben ve diğerleri de titreşimden yapılmışızdır. Biz olayları titreşim olarak görmüyoruz. Çünkü biz titreşimi, gerçeklik olarak adlandırdığımız şeyi yorumlama konusunda bilinçsizce uzmanız. Her şeyin sağlam görünmesini sağlayan kendi iç yorumumuzdur. Ancak bu sadece büyük bir yanılsamadır. Ayrıca çok da güzel bir haberdir. Çünkü sert şeylerle mücadele etmek zorunda kalmayacağımız, gerçekliği zorla değiştirmek zorunda olmadığımız, kendimizi ve dünyamızı geliştirip değiştirmek için yalnızca titreşimimizi geliştirmemiz gerektiği anlamına gelir.

İnsanlığın dönüşümü, yüksek frekanslara ulaştıkça mümkündür

Hayatta başarı, değişim ve dönüşüm için nasıl titreştiğinden daha önemli bir şey yok. Kişisel titreşimin senin en büyük kaynağındır ve paradan, zamandan ve hatta fiziksel enerjiden daha hayatidir. Her şey, titreşimden sonra gelir. Yaşam ve ilişkiler; düşük bir korku titreşiminden, endişeden ya da bunalımdan daha zordur. Kıtlık, genellikle bir normdur ve yaşamımızı sadece hayatta kalmaya çalışarak geçiririz. Savaş, yoksulluk ve hastalık hayatımızda düşük titreşimli etkilerdir ve dünyanın şu anki kolektif titreşimidir. Ancak bu bizim yaşama amacımız değildir.

Sevginin yüksek titreşimi ile hayat zahmetsiz bir akışa bürünür, ilişkiler armonik ve bolluk içindeki akışıyla kolaylıkla yürür. Tüm dünyada özgürlük, insanlığın kolektif titreşimi sevgi ve uyumla iç içe geçince gerçekleşir.

Sana verilen armağanların, yeteneklerin ve tercihlerin arasından hangi ifadeyi seçersen seç; aslında temel görevin uyanmak, gerçekte kim olduğunun kaynağını bulmaya çalışmak ve kişisel titreşimini yükseltmektir. İşte bunların sonucunda temel yaşam koşullarını yerine getireceksin. Sonuç olarak; kolektif titreşimi yükseltmekteki temel rolünü yerine getireceksin.

Unutma ki sonuçta daha aydınlanmış yeni bir dünyada yaşayacaksın. Dünyayı değiştirmiyor ya da kimseyi kurtarmıyorsun. Sadece kendini değiştiriyorsun ve kendini kurtarıyorsun. Yeterince sevgiyle titreştiğimizde, bir eşik karşılanmış olacak ve tıpkı yüz maymun deneyinde olduğu gibi, dünya daha üstün bir büyüme, artan bir bilinç ve küresel uyanış yaşar. Aslında sadece işini yapman gerekiyor. İşte bütün mesele bu!

Titreşimini her günün en önemli parçası haline getireceksen, tüm yaşamın değişecek ve bilinçli olarak en çok arzu ettiğin hayatı yaratmaya başlayabileceksin.

Titreşiminin sorumluluğunu al

Titreşim, düşünce tarafından etkilenir. Ancak çoğu zaman bilinçsiz bir seviyede yapılır. Bu yüzden de titreşimimiz üzerinde hiçbir kontrolümüz yoktur. Olumlu niyetlerle titreşimi nasıl olumlu etkileyebileceğini hayal et. Düşüncelerin doğada daha fazla onaylayıcı ve cesaretlendirici hale geldikçe, yaşam yanıt verecektir. Titreşiminden ve etrafındaki dünyanın titreşiminden zihinsel enerjinden sorumlu olabilirsin. Bu nedenle titreşimini artırmak istiyorsan düşüncelerini geliştirmelisin. Düşüncelerini ne kadar bilinçli olarak üst seviyeye çıkarırsan titreşimin de o kadar artacaktır.

Düşüncelerini kontrol edemiyorsan hayatını kontrol edemezsin

Aklın kuantum bir bilgisayar gibidir. Ancak bu bilgisayarı bilinçli olarak çalıştırmıyorsan dış güçler tarafından programlanır ve çalıştırılır. Dış güçler; aile, toplum, hükümet, otorite figürleri veya medya olabilir. Bilgisayarın kontrol panelini eline alarak gücünü de geri kazanırsın. Öncelikle bu yeniliğin düşüncelerine oturması zor olabilir. Ama yapabileceğin ve yapman gereken daha büyük bir görev yok. Daha iyi bir yaşam ve daha iyi bir dünya yaratmak istiyorsan, etrafta dolaşmak yerine, ilkönce daha iyi düşünceler yaratmalısın.

Sen düşüncelerinin yöneticisi olarak, yaşamına hâkim olma gücüne sahipsin ve dünyada görmek istediğin değişiklik aslında sensin.

Titreşimini Ölçebilirsin

Bir düşüncenin kalitesini veya titreşimini bilmek istediğinde, sadece o düşüncenin seni nasıl hissettirdiğine dikkat et. Kendini nasıl hissettiğin, her zaman bir titreşim belirtisidir. Eğer bir düşünce korku ya da hayal kırıklığı gibi duygular yaratıyorsa, yanlış yöne doğru gidiyorsundur. Eğer bir düşünce aşk, barış ya da şefkat gibi geniş duygular uyandırıyorsa, doğru yöne gidiyorsundur. Depresyon veya korku düşük titreşim yelpazesindedir; sevinç, şefkat, neşe ve sevgi ise elbette yüksek titreşim yelpazesinde. Her ne kadar bir korku ifadesi, tıpkı bir sevginin ifadesi kadar kutsal olsa da, korku daha az evrimleşmiştir. Korku ayrılığa doğru, sevgi ise birliğe doğru evrimimize yardımcı olan iki duygudur. Çünkü ayrılıkla karşılaştırdığımızda, sevgi birliğe doğru hareket ettiğinden daha evrimleşmiştir. Bu evrimin içinde aşk vardır ve evrim içinde aşk anlamını bulur. Hatırlanması gereken tek şey; olumsuz düşünce ve duyguların düşük titreşimler ürettiği, olumlu düşünce ve duygularınsa yüksek titreşimler ürettiğidir. Titreşimini artırmak için, doğal titreşiminin sevginin yüksek titreşimi olduğunu anlaman önemlidir ve titreşimini bastırmaya devam eden her şeyi bırakacak olursan, enerji frekansın kolaylıkla, zahmetsizce yükselecektir.

Dünyanın da mı titreşimi var?

"Dünyanın, tüm bilim insanları tarafından kabul edilmiş frekansı 7.83 Hz'dir. Bu değere dünyanın kalp atışı da deniyor. Dr. Anker Mueller adlı bilim insanı konunun daha derinlerine inip dünyanın frekansının insan beyniyle aynı attığını saptamıştır."[*]

Münih Üniversitesi'nden Dr. Herbert König ise Schumann rezonansının beyin ritimleri ile tam uyumunu ispatlamıştır. Beyindeki EEG değerleri incelenerek bu ritimlerin doğadaki Schumann ritimleriyle alfa seviyesinde uyum sağladığı görülmüş. Bu yüzdendir ki, nefes teknikleri ve meditasyon sayesinde beyin dalgalarının alfa seviyesinde tutulabilmesi hedeflenir.

Bu konuda, Düsseldorf Üniversitesi'nde yapılan başka bir araştırmada, ritim kasten bozularak ortaya çıkan sonuçlar gözlemlenmiştir. İnsanın doğayla uyum içerisindeki beyin frekansının bozulduğu deneylerde, deneklerde fiziksel hastalıklar ve zihinsel bozuklukların oluşmaya başladığı görülmüştür. Yine aynı deneyde gönüllü öğrenciler 4 hafta boyunca tam yalıtımlı

---

* Nexus Magazine, Vol. 10, #3, April-May, 2003.
https://kuraldisi.com/2018/01/23/698/

bir sığınakta doğadan izole bir şekilde yaşamışlar. Öğrencilerin günlük ritimlerinde şaşmalar olmuş, hepsi migren ve baş ağrılarıyla yoğun duygusal stres yaşamaya başlamışlar. Deney sonunda, gönüllü denekler, genç oldukları için kimsede ciddi bir fiziksel soruna rastlanmamış, aynı ortamda gençler yerine yaşlıların ya da hastaların olması halinde bunun kaçınılmaz olduğu kanaatine varılmıştır. Daha sonra, aynı ortama Schumann rezonansı verilmiş, öğrenciler beliren sorunlardan kurtulmuş ve sağlıklarına kavuşmuştur.

Şimşek ve yıldırımlar şeklinde yeryüzüne akan elektrik enerjisi, yeryüzü ile iyonosfer arasındaki boşlukta çeşitli elektromanyetik rezonans sahaları yani değişik frekanslarda titreşen elektromanyetik alanlar meydana getirirler, işte bu alanların titreşimine *"Schumann rezonansı"* denir. İsmini, mucidi Alman fizikçi W. O. Schumann'dan almıştır. 1952 senesinde keşfedilen Schumann rezonansı, yeryüzü ile iyonosfer tabakası arasındaki boşluğun doğal titreşimidir, yapılan ölçümlere göre Schumann rezonans frekansı 7.8 Hertz'dir. İyonosfer tabakasından dünyaya akan enerji ile meydana gelen elektromanyetik alanlar, tüm doğal olayları, dünyada yaşayan tüm canlıları etkilemekte ve tetiklemektedir.

İnsan vücudunun frekansı

Hepimiz biyokimyasal süreçlerle elektrik üreten, ürettiğimiz elektron akımlarıyla elektromanyetik alan yaratan, düşünen, hisseden, kaslarımızı ve bedenimizi hareket ettiren, çalışan, konuşan ve faaliyet gösteren varlıklarız...

Bir de üzerine sahip olduğumuz elektromanyetik alanlarımız eklenince birer makine oluyoruz. Hepimiz çevremizdeki elektromanyetik alanların değişiminden ve frekansından etkileniriz. Tüm dünyayı çepeçevre sararak, tüm doğayı ve canlıları etkileyen Schumann rezonansı bu nedenle çok önemlidir ve fizik araştırma merkezleri tarafından devamlı ölçülerek kontrol edilmektedir.

Schumann rezonansının 1952 yılında keşfedilerek açıklanmasından çok önce insan vücudunun frekansı üzerinde de araştırmalar yapılmıştır. Hans Berger isimli Alman bilim insanı, beynimizin çeşitli aktivitelere göre, değişik elektrik dalgaları yaydığını keşfederek elektroensefalografi yani şimdiki adıyla EEG denilen bir aletle beynin çıkardığı değişik elektromanyetik dalgaları kaydetmiştir.

Düşüncenin frekansı

"Beynimizin yaydığı elektromanyetik dalgaların 5 ana frekansta olduğu tespit edilmiştir:

1. "Delta dalgaları (1-3 Hertz) = Derin uykuda, bilinçsiz haldeyken beynin yaydığı elektromanyetik dalgalardır."

2. Teta dalgaları (4-7 Hertz) = Derin gevşeme, uyuşukluk, hafif uyku halinde beynin yaydığı elektromanyetik dalgalardır.

3. Alfa dalgaları (7-11 Hertz) = Rahatlamış bir halde iken ve uykudan önceki safhada beynin yaydığı elektromanyetik dalgalardır.

4. Beta dalgaları (11-25 Hertz) = Beyin aktifken, uyanık haldeyken, çalışırken, dikkat ederken, bilgi alıp verirken beynin yaydığı elektromanyetik dalgalardır.

5. Gama dalgaları (25-60 Hertz) = Öğrenme, anlama, idrak için zihnin zorlandığı sırada beynin yaydığı elektromanyetik dalgalardır.*"

Schumann rezonansı kayıtlarını tutan merkezlerin verilerine göre, 1980 yılından sonra yapılan Schumann rezonansı ölçümlerinde, ortalama 7.8 Hertz olan dünyanın manyetik alan frekansının yükselerek, 11 Hertz'in üzerine çıktığı, ayrıca saniyede 1000'in üstünde gerçekleşen yıldırım ve şimşek çakmalarının da, saniyede 2000'e çıktığı tespit edilmiştir. Bu hızlanma ne sonuçlar yaratır, görmeye başladık. Hızlanmış frekansların etkisi bize insanın evrimsel değişimini anlatıyor.

7.83 Hz frekansı beyindeki alfa dalgalarının frekansıdır. 8.5-16.5 Hz frekansına çıktıkça beta frekansına doğru yükseliş başlar. Schumann rezonansı 12-16.5 Hz arasında ani çıkışlar yaptığı için, beyin dalgalarını nasıl etkilediğini nörologlar uyanık sakinliğin ideal hali olarak tanımlamışlar. İşte daha önce de anlatmaya çalıştığım, eforsuz düşünme. Zihnimizin bir şeyi düşünmeye çalışmadan, her şeyi anlayabiliyor olması halidir. Düşünce süreçlerimiz daha net ve daha odaklıdır, yine de hâlâ "akıştayız" veya "bilişteyiz"dir. Geçtiğimiz 20 senede yapılan klinik çalışmalarda beynin değişik düşüncelerle meşgulken değişik frekansta elektromanyetik dalgalar yaydığı fark edilmiş, insanın elektromanyetik bir varlık olduğu, her hareketinin, her düşüncesinin elektromanyetik dalga yaydığı ispatlanmış. Öyleyse bir de şu açıdan bakmalı: İnsan bilinci kişiden kişiye değişen bir olgudur. Bilinç ise, düşünce ve hislerden oluşur. Biz her şeyi, işimizi, ilişkilerimizi ve çevremizdeki dünyayı kendimizle ilgili hissettiklerimize göre deneyimleriz. Her birimiz kişisel düşüncelerimizin ve hislerimizin ürettiği kendi enerji frekansımız içinde yaşarız.

---

* Evolution: A Theory in Crisis By: Michael Denton.
https://www.bibliotecapleyades.net/esp_sociopol_mindcon.htm#menu

Vücudumuzun her hücresine nüfuz eden bu frekans, sağlığımızın, ilişkilerimizin, başarımızın ve yaşantımızın tüm alanlarında seviyesine göre kendini gösterir.

Başka önemli bir etmen de kişisel frekanslarımızın çevremizdeki her şeyi etkilemesidir. Frekanslarımız tüm canlıların bulunduğu gezegenin ortak enerjik frekansını oluşturmak üzere diğer insanların ve hatta dünyanın enerjik frekanslarıyla etkileşime girer. Bu hepimizin yararlandığı ve etkileşime girdiği, "morfik alan" dediğimiz ortak enerjidir. Bilinç, etrafımızda, üzerimizde dolanır ve her gün hayatımızı etkiler. Söz konusu etkinin farkında olmayabilirsin, hissetmemiş ya da deneyimlememiş de olabilirsin ama merak etme, kitabın sonunda bilinç seviyen yükselecektir ve kolayca hissedeceksindir.

Yine holografik evren felsefemle açıklayacak olursam, dünya üzerinde yaşamış, yaşamakta olan, yaşayacak olan tüm insanlığın düşünceleri, duyguları, fikirleri ve hayalleri zaman ve uzayda gezinen kozmik dalgalardır. Bu dalgalar ortak bir havuzda toplanır ki o havuz da morfik alandır. Bu alanla bağlantıda olduğunda her şey akar. Morfik alanla, sadece etkileşim kurmakla kalmıyor, eşzamanlı olarak onu bireysel ve ortaklaşa olarak her an yeniden şekillendiriyoruz.

Bu görünmeyen alana, düşüncelerimiz aracılığıyla erişiyoruz. Ancak alanda yaydığımız titreşimi, duygularımızın kalitesine göre pozitif ya da negatif şekilde şarj ediyoruz. Yani bu alana ne taşıyoruz, karşılığında ne yaşıyoruz? Şimdi bu konuyu iyi anlayacak, çözecek ve pozitif anlamda nasıl şarj edebileceğimizi öğreneceğiz

Böylece hücrelerimizin sağlıklı ya da hastalıklı gelişmelerini etkiliyoruz.

"Görünmeyen enerjinin beden sağlığı ya da hastalığı üzerinde nasıl bir etkisi olabilir ki?" diyebilirsin. Ancak şu sıradan dünyamızda, gündelik hayatımızda, yaşamın zaten her gün, o görünmeyen enerjiden fiziksel maddeler yaratımıyla gerçekleştiğini idrak ettiğinde durum değişebilir.

Toprağa ekilen tohuma bakalım mesela. Tohum toprağın içine yerleşir, besin kaynağı olan suyu emer, gelişmeye başlar ve filizlenir. Filiz, görünmeyen bir enerji olan fotosentezi yapar, yine görünmez bir gaz olan karbondioksiti çıkarır, güneşten aldığı görünmez bir enerjiyle büyüyerek kırılgan bedenini önce bir fidana, yeni enerji kaynaklarını kullanarak bir ağaca dönüştürür. Aslında, bir ağacın gövdesinde ve yapraklarında, ona can veren tohumdan, içine kök saldığı topraktan ve enerji veren sudan ve topraktaki minerallerden eser miktarda bulunur.

Bir ağaç, fiziki gövdesini, var olduğunu bildiğimiz ancak henüz duyularımızla deneyimleyemediğimiz görünmeyen enerji güçlerinden faydalanarak, kendini değiştirir ve başka bir şeye dönüşür. Aynı şekilde bizler de fiziki bedenlerimizi, bu alanın görünmeyen enerjisinden yaratıyoruz.

Bazı ortamlarda, sadece ölçülebilir bilimselliğin tek gerçeklik olduğunu kabul eden, metafiziği sadece hayalperest hippilerin icadıymış gibi algılayan dostlarla da sohbet ediyoruz. Bana, "Enerji alanının varlığını ispat edebilir misin? Bahsettiklerini görmemize imkân yok ki!" gibi söylemlerle geliyorlar. Ben de onlara, "Şu anda gözlerin dev bir mikroskop gibi görebilseydi cildinin üstündeki ölü derileri, havada uçuşan sporları ve bakterileri, bardağının içinde yüzen virüsleri görebilirdin. Ancak göremiyorsun çünkü bu teknolojiye sahip değilsin. Ancak bilimin sunduğu cihazlar sayesinde şu anda, bu ortamdaki tüm canlıları biliyorsun. Bahsettiğim cihazların icadından önce eğer cildinin üzerinde, çarşaflarının içinde, soluduğun havada gezen, küçük küçük yaratıklar olduğunu söyleseydim bana yine aynı cevabı verir miydin?" diye karşılık veririm. Dostum bir şeyi senin göremiyor olman, var olmadığı anlamına gelmiyor. Sadece sen o boyutta titreşmiyorsun.

Bu tür sohbetlerde özellikle kuantum fiziğinden bahsederim, dostların kafaları karışmasın diye Carl Sagan, Albert Einstein, Nikola Tesla kitapları okumalarını öneririm. Çünkü zerrenin zerresi boyutunda bir varlık olarak bizler, kendimizi evrenin merkezinde sanmaya meyilliyizdir, kendi fikirlerimiz ve bilgimiz, kendi evrenimizin merkezini oluşturur, üçboyutlu düzlemdeki deneyimimizi gerçek sanır ve görmediğimizin olmadığına inanırız. Deneyimlemediğin bir şeyin olmadığına inanmak, duygulara, Allah'a, kâinata ve yarattığı tüm muhteşemliğe inanmamaktır.

Aynı yaklaşım modern tıp için de geçerlidir. Çoğu zaman fiziki hastalıkların nedenlerini her zaman fiziki dünyada bulmaya çalışır tıp. Oysa çoğu kez gerçek durumun tam tersidir.

Tıbbın yaklaşımında, insan vücudunu binlerce ayrı parçaya tamamen moleküller ve atomlar gibi en küçük fiziksel bileşenlerine kadar birbirinden ayrıymış gibi incelemek, ele almak ve şifalandırmaya çalışmak vardır. Bilim bir kuşun uçmasını anlamak için, kuşu en küçük parçalarına ayırıp inceler. Ancak en önemli şeyi atlar, kuşun uçmasını sağlayan mucize, bütün parçalarının birbirleriyle olan sinerjisi sayesindedir. Hastalıkların izini sadece fiziksel bedenimizde aradığımız sürece kronik hastalıkların sebebini ya da tedavisini tam olarak bulamayacağız, çünkü hastalıkların sebebi bedenimizde değil.

Tıp ya da bilim dünyasının rasyonel bakış açısı, tedavinin sezgisel yönü konusunda soru işaretleri içinde. Kuş ya da insan vücudunu gittikçe daha küçük parçalara bölüp inceleyerek çözüme varabilecekleri konusunda ısrar ettikçe, iyileştirmeye çalıştıkları şeyi mahvediyorlar fikrimce. Modern tıpta, hastayı öldürenin genellikle hastalıktan çok "tedavi" olduğu ortaya çıkmış durumda ancak bunun itiraf edilmesi oldukça zor değil mi?

Tam 12 kez ameliyat olan ve sonuna kadar direnen kanser hastası babamdan biliyorum. Hastayı duygu, zihin, ruh, enerji ve beden olarak bütün halinde ele almak yerine, bedenin parçalarını ameliyatla kesip çıkararak, ilaçla baskılayarak tedavi etmeye indirgeyen bir yaklaşımın işleri daha da kötüleştirdiğine dair pek çok örnek var. Sadece tıpta değil, hayata dair her şeyde bütünsel yaklaşıma ihtiyaç var. Şifanın enerji boyutunda başlaması gerekiyor. Mucizevi bir şekilde hastalıklarından kurtulanların hikâyelerine baktığımızda, tek ortak bilgi görürüz. İnanç. Beslenme sistemini, ilaç sistemini, düşünce ve inanç sistemini değiştirip, başka bir sistemi uygulayan ve inanan kişilerde iyileşmeler söz konusu. "Nedir o?" dersen, yüksek titreşimli duygular ve ortamlar birinci şart derim.

Hastalıktan konuşmaya başladık ama önce, sağlıklı insandan bahsedelim mi? Sağlıklı bir bedenin frekansı ile hasta bir bedenin frekans farkını konuşalım.

Sağlıklı insan vücudunun titreşimi

"Her organın kendine özgü titreşimi vardır. İnsan vücudunun frekansı 1990'lardan beri ölçümlenmektedir. Bruce Tainio, insan bedeninin belirli bölümlerindeki frekans seviyelerini ölçen bir frekans monitörüyle vücudun, organların frekansını ölçmeyi başarmış bir bilim insanıdır.

Tainio'nun ölçümlerine göre, sağlıklı bir insan beyninin frekansı* tam olarak 72 megahertzdir (MHz)."

---

* https://energicxusa.com/frequency-of-human-body/

Sağlıklı bir insan bedeninin frekansı ise 62-78 MHz'dir.

Nezleyken 58 MHz frekansındadır.

Sağlıklı bir insan beyninin frekansı ise 71-90 MHz (IQ ve EQ, elbette ki frekansı etkilemektedir).

Vücudunda parazitler olan bir bedenin frekansı 55 MHz.

Kanserli bedenin frekansı 42 MHz.

Ölüm öncesindeki frekans ise 25 MHz.

Biyofizikçi Alman doktor Fritz Albert Popp, bütün canlı hücrelerin ışık saçtığını ve ışığın kaynağının DNA olduğunu kaleme aldığı bir makaleyle açıklamıştır.

Makaleye göre DNA birden çok frekans yayınlıyordu. Dr. Raymond Rife ise belli frekansları kullanarak virüs ve bakterilerin yok edilebildiğini bulmuştu.

Nikola Tesla insan vücudunun yaydığı frekansları, dış frekanslardan yalıtabildiğimizde hastalıklara karşı büyük bir direnç geliştireceğimizi savunuyordu ki şu anda manyetik alan şifasına dayalı enerji tıbbı, Tesla'nın 100 sene önce ileri sürdüğü bu sav üzerinden çalışmaktadır.

İsveçli radyolog Bjorn Nordenstrom, bir tümörün içine bir elektrot yerleştirip doğru akım verildiğinde tümörün yok olduğunu test etmiştir. Dr. Robert O. Becker ise *Vücut Elektriği* adlı kitabında, insan vücudunun elektriksel frekanslarını ortaya koymuştur.

İyilik Sende adlı ilk kitabımda sözünü ettiğim elektriksel frekanslar, her canlının bir frekansa sahip olduğunu ve dahası hepimizin çevremizdeki frekanslardan etkilendiğini gösteriyor. Ancak iç ve dış etkenler zaman içerisinde frekans ayarlarımızı bozarak hücresel yıkıma sebep oluyor.

Titreşimini yükselt, iyileş

Her titreşim, bir frekans değeriyle hesaplanır. Farklı titreşimlerin farklı frekansları vardır. Bir titreşimin ne tür bir titreşim olduğu frekans değerleriyle belirlenir. Titreşim bizi hasta da edebilir, iyi de... Bu sebeple bütünsel sağlığın temellerinden biri enerji bedenimizi dengede ve sağlıklı tutmak olmalıdır. Sağlığımız korunması gereken en değerli hazinemiz. Bu sebeple, titreşimlerin genel sağlığımızı nasıl etkilediğini öğrenmemiz ve hayatımızı bu yönde düzenlememiz şart. Geçmişte atalarımız tarlada, yeşilliğin içinde toprak üstünde yaşarken yani enerji dengemizi yerinde tutacak hava, su, güneş, rüzgâr gibi elementleri vücutlarına alarak bolca topraklanırken, bizler topraktan çok uzakta yüksek binalarda, kalitesiz mekânlarda, elektromanyetik frekanslarla çevrili, tehlikeli ve sağlığımızı bozacak frekanslarla dolu bir dünyada yaşıyoruz.

1950'lerden beri radyasyon, son yirmi senedir de bilgisayarlar, cep telefonları ve elektronik aletler tarafından üretilen elektromanyetik dalgalar, bedenimizle iyi bir uyum içinde ve senkronize halde olmayan enerji kodlarını ve frekansları barındırıyorlar. Elektromanyetik enerjilerle çevrelenmiş olmamız, vücudumuzun doğal akışındaki enerjinin bozulmasına yol açıyor.

Sağlıklı insanın beden titreşiminin dışında, organlar da kendi aralarında farklı hızlarda titreşir. Örneğin kalbin titreşim hızıyla böbreğinki aynı değildir. Böbrekte fiziksel boyutta bir sorun olması, böbrek organının titreşiminde bir sorun olduğu anlamına gelir. Bir insanın, vücudundaki organlarının ve vücudunun titreşimine uygun olmayan titreşimlere maruz bırakılması, hastalanması ihtimalini çok yükseltir. Kadim şifa bilgileri sayesinde her hastalığın frekansını biliyoruz. Her hastalık, uygun frekansla tedavi edilebilir. Kısacası frekans ayarlarını yeniden yapmak gerekiyor.

Başka bir deyişle, Dünya Ana titreşim frekansını değiştiriyor ve belki biz de değişiyoruz ama uyumlanmayı öğrenmemiz veya tekrar hatırlamamız gerekiyor.

Frekans teknolojisi günümüzde kısmen de olsa tıpta kullanılıyor ancak gün gelecek pek çok hastalığın tedavisi frekanslarla yapılabilir olacak ki bu benim en büyük dileğim. "Titreşim tıbbı"nı merak ettiysen, ilerleyen bölümlerde aradığın bilgileri bulabileceğini hatırlatırım.

Düşüncenin Titreşimi

İnsanlığın büyük çoğunluğu halihazırda şuuru düşük, kendi özünü yaşamadığı için, daha önce bahsettiğim holografik evrenin merkezinde olmayan bir ortak yaratılış dünyasında...

Çevremde gördüğüm pek çok insan, sanki yaşamını bir otomatik pilota bağlamış, öyle ilerliyor. Düşüncelerinin, duygularının ve imgeleminin yaratıcı gücünün, hayatındaki etkilerini fark etmeden, tüm bu düşüncelerinin aslında senaryosunu oluşturduğundan habersiz, kelimenin tam anlamıyla, korktuklarını başına çekerek yaşıyor.

Yeri gelmişken iki önemli soruyu gündeme getirelim o halde:

"Başkaları ve kendimiz hakkında düşündüğümüz gerçeğimizdir diyebilir miyiz?"

"Düşündüğümüz gerçeğimiz midir?"

Sadece şunu söyleyeceğim, ne düşünürsek düşünelim gerçek olur. Hepimiz gerçekten düşüncelerimizi görüyoruz. Ancak düşündüğümüz her şey, bizim bakış açımızdır. Dünyaya baktığımızda gördüğümüz objektif duygularımızı yaratan, zihnimiz ve düşüncelerimizdir. Düşüncelerimizin frekansı bağlı olacağımız bilincin gerçeğini bize gösterecektir.

Düşüncelerimizin, inançlarımızın ve bilinçaltımızdaki programlarımızın gerçekliğimizi yaratan "şey" olduğunun farkında değiliz.

Zihnimiz kontrolden çıktı, bağlı olmamız gereken Tanrı kanalıyla bağlantı koptu. Aklımızın bağlantısı koptu.

Aslında bağlı olmamız gereken tek yer, bir üst bilinçteki ortak yaratım alanımızda, her birimiz birbirimize bağlı olan o alanda ve hediyeleri sadece sevgi olan boyutta yaşamak yerine, ayrışmanın, ikiliğin yani iyi ve kötü düzlemindeki polaritenin bizleri hem kendimize, hem dünyamıza düşman haline getirdiği nefret ve şiddeti yaşamayı gerçeklik sandık. Bu bir yanılsama sevgili dost, bu sadece bağlantıdan kopuk olduğun için oldu. Cennetten düşmek ne demek hiç düşündün mü? Titreşimin düştüğünde, geldiğin bir düşük boyutun bilinci olabilir mi? Titreşimini yükselterek tekrar o alana bağlandığında farkı anlayacaksın.

||||||||||||||||||||||||||||||||||||||||||||||||||||||||||||||||||||||||||||||||||||||||||||||

Düşündüğümüz şey genişler, yayılır. Bu nedenle bizi barıştan uzak tutan düşünce veya inanç, bahçemizden atmak istediğimiz bir ot olur. Evren, bizim inanmak istediğimiz her düşünceye tam destek verir. Evrenin üzerinde yoğunlaştığımız şeyleri bize yansıtacağı bir doğa yasası vardır. Evrenin pozitif veya negatif değer yargısı yoktur. Bu nedenle dikkatimizi vermeyi seçtiğimiz yerden/şeyden haberdar olmalıyız.

||||||||||||||||||||||||||||||||||||||||||||||||||||||||||||||||||||||||||||||||||||||||||||||

Düşüncelerimiz ve inançlar "şeyler"dir. Şeyler, enerjidir. Düşüncelerimizin duyguları ve inançlarımızın gerçekliği yarattığını

fark ettiğimizde, olumsuz düşüncelerimizin yarattığı etkilere ya-
kalanan koşulların kurbanı olmak yerine, arzuladığımız şeyleri
yaratabiliriz. Yani şu meşhur çekim yasasından bahsediyorum.
İşte, "Korktuğum başıma geldi!" gibi deyimlerle aslında var ol-
duğunu bildiğimiz çekim yasası tamamen bu prensibi hatırlatır.

Kozmik Bilgiye Bağlan

Bu alana bağlanarak buluşlar yapan, fikirler ve eserler üre-
ten, yükselmiş üstatları, dervişleri, şairleri, ressamları, büyük
bilimadamlarını bilirsiniz. Fizik kuramlarını, matematik denk-
lemlerini, yazacakları romanları ya da çekecekleri filmleri rü-
yalarında gören üstatların, aslında kolektif bilinç ya da kozmik
bilinç, morfik alan, akaşik alan, 4 ve 5. Boyut gibi pek çok farklı
isimle tanımlanan bu alana bağlanarak bilgilerini aldıklarını
düşünüyorum.

Tibetli rahiplerin aylar süren sessizlik meditasyonları sonu-
cunda geleceğe dair bilgiler verdiklerini ya da duru görü, duru
işiti veya biliş yeteneği olan medyumların yine aslında bu boyut-
lara ulaşabilme yeteneğine sahip oldukları bilinir. Bu fenomen
denilebilecek durumlarla ilgili Batı dünyası 1800'lü yılların so-
nunda bir uyanışa ve arayışa geçmiştir. Teosofi Derneği kurucu-
su, Gizemli Bilimler konusunda uzman ve bu alanlarda kitaplar
da kaleme almış olan, hatta Tibet'e de giden İstanbul doğumlu
Madam Blavatsky teozofinin Batı'da yaygınlaşmasını sağlamıştır.

Yani modern bilimden sanata, fizikten genetiğe insanlık
tarihi için önemli buluşların çoğunun mucidin uykusunda
ona geldiğini biliyorsun değil mi? Elbette uzun çalışmalar,
araştırmalar, uğraşlar, denemeler var. Ancak içinden çıkılmaz,
çözülmez sanılan, bir yerde takılıp kalınan o anların çözümü

hep tesadüfi, hep bambaşka bir şekilde. Zihin başka bir şeye kanalize olmuş, düşünürken yani çok rahatken gelir çözümler.

Sebebi nedir, bilir misin?

Zihnimizin düşünme yeteneğini beynin sadece sol lobuyla kısıtlamadığımız zaman, uykumuzdayken veya zihnimiz çözmek istediği problemin dışında başka bir konuya konsantre olmuşken cevabımız geliyor. İster telepatik yeteneklerimizi artırmak, ister fizik sınavının bilgilerini hatırlayabilmek... Hiç fark etmez... Evrende bizim için var olan gerekli bilgileri çekebilecek durumdayız. Sadece bunu fark edebilenlerin sayısı çok az. Eskilerin istişareye yatmak terimini hatırlarsın, yine de kolektif bilince bağlanabilme açısından eskiye oranla daha iyi durumdayız.

Yüzünü Batı'ya dönmüş pek çok toplum; bilincin, zihinsel ve yaşamsal farkındalığın sadece beyinde oluştuğunu kabul ediyor. "Düşünüyorum öyleyse varım" diyen Descartes'tan bu yana asırlar geçmesine rağmen, insanoğlunun sadece düşünen değil, hisseden, sezen bir varlık olduğu bilgisi hâlâ çok küçük bir kitle tarafından anlaşılmaktadır. Son bilimsel araştırmalar da göstermektedir ki bilincimiz beyin ve vücudun birlikte hareketiyle ortaya çıkıyor olsa da, kalbin bu süreçteki rolü asla gözden kaçırılmamalıdır.

Mekânın Titreşimi

Fizik, ruh ve enerji, gözle görülmese de, gerçekte var olan ve Yin'den Yang'a yol alan enerji dalgalarıdır. Bu enerjilerin kimisi pozitif, kimisi negatif, kimisi de nötrdür. Enerjinin negatif olarak yukarı çıkması, tam olay mahallinde bulunan bizleri ve mekânlarımızı çokça etkiliyor.

Mesela ağzıyla kuş tutsa para kazanamayan mekânlar bir bir kapanır ve taşınır. Yerine gelen yenileri de orada tutunamaz.

"Uğursuz yer!" diye adı çıkar üstelik. Bazı evler vardır; orada kavga dövüş, ayrılıklar, boşanmalar, hastalıklar, hatta intiharlar eksik olmaz. Bu mekâna da uğursuz der çıkarız işin içinden. Olanları enerji yönünden düşünmeyiz. Elin Çinlisi bunu asırlardır düşünüp, mekânlarını kurarken ya da kurduktan sonra enerjisini en ince ayrıntısına kadar inceler. Tapınakların yerleri, özel mekânların, özellikle de ruhsal yerlerin enerjileri özel olarak elden geçirilir. Yani Feng Shui kullanılır. Bu bilim dalına Batı'da Jeomansi (ya da Jeomanti) deniyor. Mekânın enerjisi Chi ustası tarafından belli aletler kullanılarak tespit edilir ve negatif enerji bloke edilerek yukarı çıkması engellenir. Böylece mekânın enerjisinde gözle görülür bir değişim başlar.

Dünyanın En Büyük Enerji Merkezi Sensin

Çok doğru bir mekanizman var, düzenli olarak çalışarak kendi titreşimini bilinçli bir şekilde yükseltebilir ve bir enerji merkezi olabilirsin.

Kalbin çalışması, sempatik ve parasempatik sinir sistemiyle bağlantılıdır. Transmitterler yani bilgi aktarıcılar aracılığıyla duyguların kimyasını etkiler.

Kalp beyinle tam 4 farklı türde iletişim kurar:

1. Sinirlerle nörolojik iletişim

2. Kan basıncı dalgalarıyla biyofiziksel iletişim

3. Hormonlar ve nörotransmitterlerin kurduğu biyokimyasal iletişim

4. Elektromanyetik iletişim

Kalpteki nöron hücreleri beyinle iletişim kurar ve bu sayede kalbin faaliyetlerini düzenler. Kalbin nöronları nörotransmitterlerle ilişki içindedir. Bu ilişki ne kadar disiplin içerisinde bir düzenle uygulanırsa, düşünce ve duygu düzleminde frekans hep yüksek, morfik alanla bağlantımız tam olacaktır. Bu anlamda, frekansını yükseltmek için kullanacağın çalışmalarda piramit sistemini kullanmanı öneriyorum. Çünkü sistem basit bir denklemi içeriyor. Nefes + Meditasyon = Düşünce + Duygu. Yani doğru nefes ve meditasyon ile koruduğumuz bir alan bize yüksek titreşimli duygular ve düşünceler olarak geri dönecek. Burada yaratmak istediğimiz alanda, kalbimizin elektromanyetik alanını güçlendirme hedefimiz olduğundan dikkat etmemiz gereken noktalar şunlardır:

• Kalp atım hızının senkronizasyonuyla nefes senkronizasyonu birbiriyle uyum içinde olmalıdır. Bu uyum, beynin çalışmasını ve duyguların kimyasını olumlu etkiler. Bu noktaya gelebilmek için yapabileceklerinden bazıları nefes ve meditasyon ki bu kitapta ilerleyen sayfalarda uygulamaları bulacaksın.

• Nefes-Düşünce-Duygu piramidini kullanarak ve torus kafesinden düzenli olarak nefesinle bağlantın olmalıdır. Bu bağlantı olduğunda, kalp beyin bağlantını gerçekleştirirsin.

Düzenli meditasyonun olumlu etkilerini bilim dünyası da kabul ediyor artık. Düzenli ve doğru nefes alışkanlığı, düzenli nefes egzersizleri ve meditasyon uygulamaları yaparak, duygu ve düşünce boyutunda hep yüksek bir frekansta kalmak mümkün.

Torus nefesi uygulamasını ilerleyen sayfalarda bulabilirsin.

|||||||||||||||||||||||||||||||||||||||||||||||||||||||||||||||||||||||||||||||||||||||||||||||||||

Kalpten beyne, beyinden kalbe sürekli bir bilgi akışı gerçekleşir. Beyni düşüncenin merkezi olarak bilsek de, vücutta işler değişir, kalpten beyne gönderilen bilgi miktarı, beyinden kalbe gönderilenden fazladır. Kalbin ürettiği biyoelektromanyetik alan, beynin elektromanyetik gücünden 5 bin kat daha fazladır ve çok geniş bir alana etki etmektedir. Kalbin ritmik atımı ile üretilen kan ile ses basıncı ve elektromanyetik yayılım, vücuttaki her organ ve hücre tarafından algılanır. Dokular tarafından emilen ve yansıtılan bu manyetik alan, aynı zamanda o enerjinin yayılma sahası içinde bulunan kişiler tarafından da hissedilebilir.

|||||||||||||||||||||||||||||||||||||||||||||||||||||||||||||||||||||||||||||||||||||||||||||||||||

Vücuttaki tüm organların tıpkı vücutta olduğu gibi bir enerji frekansı vardır. Bu frekans bir biyoelektromanyetik alan yaratmaktadır. Frekans, yani titreşim düzeyi arttıkça kişilerin doğaüstü güçleri de artar. Şifa verme gücüne sahip olan kişilerin titreşim düzeyleri saniyede ortalama 500 titreşimdir. 800 titreşim seviyesine gelindiğindeyse medyumik güçler ortaya çıkar. 1000 titreşimin üzerinde telepati kanalı gayet akıcı şekilde açıktır. Saniyede 10 bin titreşim seviyesindeki insan astral seyahat yapabilir duruma gelir. Tıpkı bir gitarın tellerinin titreşmesi gibi...

"Gitarın telini oynattığında hızla titreşir, teli göremezsin. Sonra titreşim azalmaya başlar ve tel görünür hale gelir. Bizler de şu anda saniyede 300 titreşimle birbirimizi görebiliyoruz ama saniyede 10 bin kez hızla titreşen canlıları göremiyoruz."[*] Onları boyut üstü varlıklar olarak adlandırıyoruz. İçimizden pek azımız yani "medyum" olarak tanımladığımız kişiler onarla temasa geçebiliyorlar. Bazen kanal olarak da onlardan gelen

---

[*] www.thephysicsteacher.ie/LC%20Physics/Student%20Notes/17.%20Sound.docx

bilgileri aldıklarını iddia edebiliyorlar. Bazılarına göre bu kişiler şizofren ya da dolandırıcı olabilirler ama titreşim seviyesini saniyede 10 binin çok üzerine çıkartarak, zaman mekân mefhumunu aşan insanlarla ilgili pek çok bilgi elimizde mevcut.

Çok büyük kâhinler bu frekans seviyesinde oldukları için söyledikleri pek çok şey doğru çıkmaktadır. Duru görü yapan medyumlar kaybolan eşyaları bu şekilde bulabilmektedirler. Şifacılar tek bir dokunuşla hastanın hasarlı organına en uygun frekansı vererek onu iyileştirebilmektedirler. Şifacı ya da biyoenerji uzmanı olarak tabir ettiğimiz kişilerin yaptıkları şey, hastaya doğru frekansları vermektir. Halihazırda Brezilya'da yaşayan John of God bir örnektir. John of God insanları elleriyle iyileştiren bir şifacıdır, tüm dünyadan akın akın insanlar Brezilya'ya onun yanına şifaya gitmektedir. Hindistan'da, Rusya, Tibet, Azerbaycan, Almanya'da da pek çok uzman biliyoruz.

Yine benim hayranı olduğum, ancak 2012 yılında ölen günümüzün usta ruhani öğretmenlerinden biri olarak kabul edilen Amerikalı psikiyatr, zihin araştırmacısı ve spiritüel konuşmacı Dr. David Hawkins insan zihni ve ruhu, frekanslar, frekansların bilinç düzeylerindeki etkisi üzerine eğilen bir bilim insanıdır.

Evrenin frekansı ve insan ilişkisi üzerine binlerce araştırma yapmıştır ve "Hawkins Bilinç Haritası" adı verilen bir tablo ortaya koymuştur. Yaptığı deneyler ve sayısız danışanla gerçekleştirdiği terapi seansları sayesinde, yüksek frekanslı duygu ve düşüncelerin, düşük frekanslı olanlardan daha güçlü ve etkili olduğunu ispatlamış, *Bilincin Anatomisi* adlı kitabında tüm bu safhaları detaylı olarak anlatmıştır. Söz konusu araştırmaya göre insanı kategorize eden 17 aşama belirlemiştir.

||||||||||||||||||||||||||||||||||||||||||||||||||||||||||||||||||||||||||||||||||||||||||||||||||||||||

Hawkins Bilinç Haritası

Frekansı/Duygusu/İnsandaki Yansıması

+ 700/Aydınlanma, Saf bilinç, Ben olma/İnsanlığı etkileyen en üst bilinç düzeyi

+ 600/Dinginlik, Bilgelik, Kendini gerçekleştirme/Beni aşmış bütüne katkıda bulunma düzeyi

+ 540/Haz alma, Dinginlik, Kabullenme/Yüksek enerji, Uç denemeler

+ 500/Sevgi, Aşkınlık, Zararsızlık ilkesi/Hızlı gelişen, globalleşen sezgi gücü, Duygudan bilince geçiş

+ 400/Soyut kavrama, Objektif ve rasyonel/Karmaşığı kolay özümseme, Sentezci felsefi yaklaşım

+ 350/Affedici, Uyumlu, Kabulcü/Çözümcü, Güçlü öz disiplin, Eşitlik içinde çeşitliliğe saygı

+ 310 İstekli, Umutlu, Teşvik eden, Optimist/Açık fikirli, Dost, bütüne katkıcı, Yeniden alt seviyelerden başlamaktan rahatsız olmayan, Yüksek özsaygı

+ 250/Nötr, Güven, Deneme ve tatmin/İçsel gücün ve güvenin başlangıcı, Özgürlükçü, Yargılamayan

+ 200/Güç, Cesaret, Olasılıklı/Özeleştiriye açık, Yeniyi deneyebilen, Gelişime açık, Üretkenliğe geçiş

+ 175/Mağrur, Şişkin ego, Talepkâr/Toplum onaylı, Şiddet meslekleri, Dışsal güçle övünç, Milliyetçilik, Politik ve dinsel değerlere yükseltme, Duygusal problemlerini yok sayma

||||||||||||||||||||||||||||||||||||||||||||||||||||||||||||||||||||||||||||||||||||||||||||||||||||||||

||||||||||||||||||||||||||||||||||||||||||||||||||||||||||||||||||||||||||||||||||||||||||||||||||||||||

+ 150/Kızgınlık, Şiddet, Saldırgan/Kızgın, Çabuk parlayan, Kavgacı, Abartılmış arzuların çaresizliğini yaşama

+ 125/Kıskançlık, Arzu, Hayal kırıklığı/Para-prestij-güç kazanma arzusu

+ 100/Tutsak, Korku, Ceza/Kıskanma, Endişe, Totaliter yönetim ve kurtarıcı beklentisi

+ 75/Trajik, Memnuniyetsiz, Depresif/Gözyaşı, Depresyon, Bağımlılık, Kayıp yaşam

+ 50/Çaresizlik, Umutsuz, Suçlayıcı, Apati/Umutsuzluk, Yoksulluk, Çaresizlik, Bitkinlik, Başkalarına bağımlılık

+ 30/Gaddar, Kinci, Günahkâr, Suçlu/Mazoşist, Öfkeli, Kurban rolü

+ 20/Yok edici, Utanç, Öfke, Nefret/İçekapanık, Hiç hissetme, Paranoya, Psikoz, Sahte gurur, Tehlikeli kişilik

||||||||||||||||||||||||||||||||||||||||||||||||||||||||||||||||||||||||||||||||||||||||||||||||||||||||

İşte Dr. Hawkins'in ömrünü verdiği değerli çalışmasının sonuçlarıdır bu veriler. Bir insan, gelişimi gereği yaşadığı ortamında verdiği tepkileri, ifadeleri, yaklaşımları, birikimleri, düşünce boyutu ve yazdıkları ile sosyal ve entelektüel boyutta kendini yapılandırır. İnsanın doğal yapısı, görgüsü, eğitimi, arzuları ve yaşam akışının bileşimi, David Hawkins'in bilinç haritası ile tanımlanmıştır ve somut bir liste olarak herkesin anlayabileceği bilgilere indirgenmiştir.

Bireyin psiko-sosyal profili, hayatı kavrayış ve ifade ediş tarzı enerji çekim alanı ile tanımlanmıştır. Söz konusu listede, 20'den 1000'e titreşim seviyesine kadar, insana ait farklı duygulardan bilince 17 kategori oluşturulmuş.

İnsanlık adına yaptığı çalışmalarıyla "Sir" unvanı da alan Dr. Hawkins, en yüksek frekansa ulaşmış bir insan bilincinin, düşük frekanslı 70 milyon bilinci dengeleyebileceğini klinik olarak kanıtlıyor.

Dr. Hawkins yaptığı araştırmalarda kritik seviyenin 200 olduğunu, ölçümü 200'ün altında olan duyguların, düşüncelerin ve durumların hem kişiyi, hem çevresini zayıflattığını, yorduğunu ve aşağıya çektiğini ortaya koyuyor.

Kitaptaki bir başka ilginç bulguysa, yüksek bilinç frekanslarının, kendi seviye güçlerine göre düşük frekansları dengelediği yönünde. Yani bir kişinin bilinç frekansı yükseldiğinde, çok sayıda düşük frekanslı bilinci etkileyip dengeleyebiliyor.

- Frekansı 300 seviyesindeki bir kişinin 200'ün altındaki 90.000 kişiyi
- Frekansı 400 seviyesindeki bir kişinin 200'ün altındaki 400.000 kişiyi
- Frekansı 500 seviyesindeki bir kişinin 200'ün altındaki 750.000 kişiyi
- Frekansı 600 seviyesindeki bir kişinin 200'ün altındaki 10 milyon kişiyi
- Frekansı 700 seviyesindeki bir kişinin 200'ün altındaki 70 milyon kişiyi dengelediği görülmüştür.

✓ Pozitif ve her şeyi olduğu gibi kabullenen mutlu bir insanın yaydığı enerjinin 90 bin kişinin yaydığı düşük enerjiyi

✓ Sevgiyi gerçek anlamda yaşayan bir insanın yaydığı enerjinin 750 bin kişinin yaydığı düşük enerjiyi

✓ Barış ve huzur içinde yaşayan bir insanın yaydığı enerjinin 10 milyon kişinin yaydığı düşük enerjiyi

✓ Yaradan sevgisini her canlıda görerek yaşayan bir insanın yaydığı enerjinin 70 milyon kişinin yaydığı düşük enerjiyi

✓ Peygamber ve Buda seviyesinde yaşayan bir insanın yaydığı enerjinin ise tüm insanlığın yaydığı düşük enerjiyi dengelediği görülmüştür.

Dr. Hawkins, kitabında, şu anki insanlığın frekans seviyesinin %85'inin 200'ün altında titreştiğini, son dönemde insanlığın ortalama farkındalık seviyesinin belli bir sayıya ulaşarak negatif-pozitif sınırını aştığını belirtmektedir.

Bana göre bu oran daha da düşmüş olmalıdır ki keza Dr. Hawkins'in kitabı 2000'lerin başında piyasaya çıkmıştı. İnternetin yaygınlaşması, şiddetin her yerden kolay ulaşılır hale gelmesi, cinselliğin yozlaştırılarak verilmesi, yeni neslin giderek tablet ve bilgisayar bağımlısı hale gelmesi, elektromanyetik alanların artması, gıda endüstrisinin her ülkeye girerek işlenmiş gıdaları pompalaması gibi toplumun frekans seviyesini her boyuttan daha da fazla düşürmeyi hedefleyen bir yapının içindeyiz.

Vermek istediğim mesaj sence de çok net değil mi?

Dünyada görmek istediğin değişimin kendisi ol

Yaydığımız tüm titreşimler, etrafımızda var olan tüm canlılar tarafından hissedilir. Ortamın titreşimi, yine o ortamda yaşayan hayvanlar, insanlar, bitkiler, toprak, hava, eşyalar, binalar vs. tarafından oluşturulmaktadır.

Her bireyin olduğu gibi, her toplumun da kolektif bir bilinç düzeyi vardır. O düzeydeki değer yargıları, inançlar, düşünceler, kurallar, sınırlar toplumun her bireyinde titreşim yaratır. Dolayısıyla bir bireyin kolektif bilinç alanından kendisini çekmesi çok güçtür. Bunu başarabilmesi için kendi zihnini sıkı bir disiplinle, özlü bir dönüşüme götürmelidir. Bu da yaşadığı toplum tarafından yadırganır, çünkü kişinin gittiği yol ve yaşam biçimi, yaşadığı toplumun değerlerinin çoğundan vazgeçmesi anlamına gelecektir. Sürü dışında olma hissi sana da geldiyse, doğru yoldasın demektir. Sadece kişilerin değil, toplumların, kültürlerin, ülkelerin, coğrafyaların da titreşim seviyeleri var.

Titreşimsel olarak insanlar ve toplum açısından tatmin edici bir yaşam, 250 frekans seviyelerinde başlamaktadır.

300'lerde teknolojik ve ekonomik olarak çok gelişmiş bir toplum mümkün...

400'lerde ise yüksek bir eğitim, bilgi, kültür ve sanat seviyesi yaşanacaktır.

500 frekans seviyesi, başka bir büyük sıçramanın gerçekleştiği önemli bir eşiktir.

500'lerin üzerindeki frekans seviyesindeki toplum ruhsal bir toplum olacak ve bu bütün topluma şefkat ve sevginin hâkim olduğu, bütün eylemleri sevginin yönlendirdiği seviye demektir.

Şu ana kadar anlattıklarım kafanı mı karıştırdı?

Ciddiye almamaya mı karar verdin?

Eğer bu noktadaysan şunu çok iyi anlamanı isterim senden: Açıklayamadığımız ve anlayamadığımız her şeyi reddetmeye çabalayanın, korkuya dayalı reaksiyonlar ve tepkiler verenin zihnimiz olduğunu anlamalıyız.

Görmediğine inanmamak artık çağlar öncesinde kaldı... Fizikçiler, genetikçiler ve pek çok bilim insanı, bir şeyi açıklayamıyor ya da göremiyor olmamızın o şeyin var olmadığı anlamına gelmediğini defalarca kanıtlamışlardır.

Eğer, zihin ve beden arasındaki tedavi bağlantısını onaylayan bilimsel bir araştırma kitabı arıyorsan büyük ihtimalle hiçbir yerde bulamayacaksın. Hemen hemen tüm araştırmaların farmasötik yani ilaç şirketleri tarafından finanse edildiği günümüzde, eğer belirli bir hastalığın tedavisini yürütmek için finansal bir neden yoksa ve dolayısıyla bundan kâr sağlayamayacaklarsa, bütünsel şifayı anlatan bir kitaba yatırım yapmak kimsenin işine gelmeyecektir, dolayısıyla mantıksızdır.

Hastalıkları tamamen tedavi ederek, hastayı özgürleştirmek yerine hayat boyu alınan ilaçlarla hastalıkların semptomlarını yönetmek ve böylece milyarlarca dolar kâr elde etmek varken, neden daha bütünsel bir tedavi yoluna gidilsin ki?

Yani sen de çok âlemsin!

Neyse, biz kendi işimize bakalım değil mi?

Senden Dr. Hawkins'in tablosuna bir kez daha göz atmanı rica ediyorum. 200'ün altında ve üzerinde yer alan sıralamaya bak...

Bir düşünce sistemi desteklenirse kuvvetlenir, desteklenmezse zayıflar. Tabloyu inceledikten sonra, kendimize de bir bakalım. Gün boyunca yaydığımız düşüncelerimize, sözlerimize, dualarımıza bakalım.

Hangileri altta, hangileri üstte?

200'ün üstü güç, cesaret ve olasılıklıydı. Eleştiriye, özeleştiriye açık, yani gelişime açık, yeniyi deneyebilen, pasiflikten aktifliğe, tüketimden üretkenliğe geçebilen demekti.

Sen hangisi olmak isterdin?

Moralini bozma...

Hemen yapabilirsin, çünkü sen O'sun. Sadece farkında değilsin. Aslında bu bilgiler binlerce yıldır biliniyor ve uygulanıyor. Biz sadece unuttuk.

Kimdi peki bu binlerce yıllık insanlar? Neredeydiler?

Şimdi biraz tarihe bakıp, onları inceleyelim. Bize göre ilkel uygarlıklar aslında nelere kadirmiş görelim.

Titreşimi Kullanan Sistemler ve Uygarlıklar

1. Çin

Tai Chi: "Chi" son yıllarda eminim senin de sıkça duyduğun Çin tıbbının temel prensipleri içinde yer alan bir kavram. Chi, evrensel hayat enerjisi demek... Ve doğada var olan tüm canlıların Chi'sinin olduğuna inanılır.

Chi, bitkiler, hayvanlar, insanlar, taşlar, ağaçlar, deniz, dünya, su aklına gelebilecek tüm biyodinamik varlıkların paylaştığı hayat enerjisidir. Kadim kültürlerin hepsinde vardır.

Orta Asya Şamanlarında hayat enerjisine "Yüce Ruh" denirken, Hint yoga kültüründe "Prana", Çin tıbbında Chi, Japonlarda Ki olarak karşımıza çıkar.

Chi vücudumuzda gezinmesi gereken, dönmesi gereken bir enerjidir. Yaşlandıkça ve hastalıkta bu enerji azalabilir. Hatta Çin tıbbı prensiplerine göre, Chi enerjisinin azalmasıyla oluşan durgunluk veya dengesizlik bizi hasta edebilir.

Chi enerjisi doğru nefesle vücutta daha iyi dolaşır. Chi aslında evrensel hayat enerjisidir.

Klinik aromaterapi seanslarımla birleştirdiğim Çin tıbbı ve akupressür tedavisinde danışanımın cilt rengine, sesine, tırnaklarına, gözlerine ve diline bakarak teşhis ve tedavimi yaparım. Çin tıbbına göre Chi vücutta kendini gösterir, bunun da temeli nefestir. Nefesle birlikte vücudumuza en önemli enerji kaynağı olarak Chi'yi alırız.

Bedenimizin enerji planında ağ gibi yayılarak tüm organlara Chi enerjisini taşıyan meridyen kanalları bulunur. Antik Çin tıbbına göre 14 adet temel meridyen vardır. Sağlığımızın tam olabilmesi için meridyen kanallarında bu enerjinin kesintisiz akması gerekir. Vücudumuzda temel olarak çalıştığımız 6 Yin (dişi), 6 Yang (erkek) olmak üzere 12 çift meridyen bulunur ve her biri adıyla anıldığı organa enerji taşır.

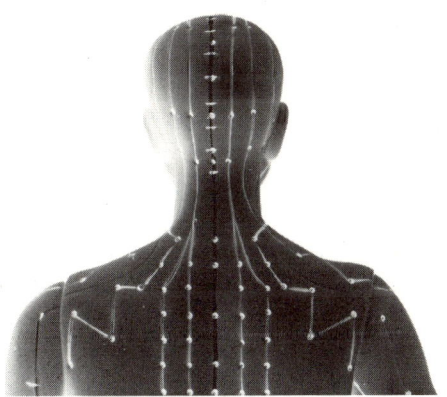

Meridyenler

Bütün bu prensipler ve sistem, başlı başına ayrı bir kitabın konusu... Bu yüzden kısaca bahsetmem gerekirse, her meridyenin görevli olduğu organ ve sistem vardır diyebilirim ve hepsi de Chi'yle beslenirler. Chi'yi görevli oldukları organlara dağıtırlar.

İki tip Chi vardır. Birisi genlerimizle gelen Kalıtsal Chi, bedenimizi oluşturan elementlerin hepsidir. Kalıtsal Chi bize ailemizden gelen genetik miraslarımızı ve yaşamsal gücümüzü simgeler. Kalıtsal Chi ile doğarız ancak dışarıdan aldığımız besinlerden –bunlar hava, su, gıda ve uykudur– gelen Chi'ye de Besleyici Chi denir. Kalıtsal Chi vücutta derinde bulunur, Yin yani dişil özelliktedir. Organların yaşamsal faaliyetlerini, kan ve lenf gibi tüm besleyici sıvıların vücutta rahatça gezinerek organlara ulaşmasını sağlar.

Yüzeyde gezen Chi ise Besleyici Chi'dir. Vücudun cilde yakın kısmı üzerinde gezinir. Bağışıklık sistemimizden ve enerjimizden sorumludur. Yang eril karakterlidir. Nezle gibi şikâyetlerde, cildin ürpermesi, vücudun ısınmaması, üşüme hissi, besleyici Chi'nin azalmasından dolayıdır.

Sağlığımızda yaşadığımız sorunların, Chi'nin bedendeki hareketinin engellenmesi, dengesizleşmesi ya da bozulması sonucunda oluştuğuna inanılır.

Geleneksel Çin tıbbı farklı terapi teknikleri uygulayarak Chi'nin eğer az ise miktarını yükselterek, dengesiz ise dengeye oturtarak veya bozulduysa canlandırarak hastalıkları tedavi etmektedir.

Kullanılan teknikler arasında Tai Chi, Qi-gong, aromaterapi, özel diyetler ve egzersizler de bulunur. Qi-gong, kişinin enerjisini artırmayı, zihni sakinleştirmeyi, bedene odaklanmayı, negatif enerjileri atıp bedeni pozitif "Chi" yani yaşam enerjisiyle doldurmayı sağlayan içsel bir sanattır.

Beş bin yıldan beri kullanılan Qi-gong, Tai Chi ile birlikte, geleneksel Çin tıbbında, yaşam enerjisi diye de tanımlayabileceğimiz "Chi" enerjisinin dengeli ve düzenli bir şekilde bedende akmasını sağlayacak çalışmalara verilen genel addır.

2. Hindistan

Hint Yoga felsefesinde "Prana" adı verilen sübtil yaşam enerjisi, Gaia'da (yerküre), yeraltı, yer ortası, yerüstünde gezinen, bizimle iletişim içinde olan, tamamen canlı bir yaşam enerjisi formudur. Prana, aynı zamanda canlı varlıklardaki hayat verici enerji olarak kabul edilir. Sanskritçede Pra "ileri getirmek", Ana "nefes" veya "yaşamak" demektir. Böylece Prana kelimesi "nefes vermek" veya "solumak" anlamına gelmektedir.

Sanskritçe Pranaka kelimesi "yaşayan varlık" demektir. Bundan başka Prana sözcüğü "solunum", "canlılık", "güç", "enerji", "kuvvet", "can" ve "ruh" anlamında da kullanılmaktadır. Prana sözcüğü "kozmik enerji", "evrensel enerji" veya "yaşam enerjisi" deyişlerine de karşılık gelmektedir.

Bedene gıdalar ve solunum yoluyla girer. Kundalini ya da nefes teknikleriyle yükseltilerek farklı enerji kanallarına girilebilir. Yüksek Prana enerjisi, bedende depolanabilir ve sağlığı düzenlemek, enerjiyi yükselterek başkalarına yardım etmek ve şifa yapmak için zihinsel olarak yönlendirilebilir. Prana ne oksijen ne de havadır. İnsan nefesini tutarak bir süre yaşayabilir. Yoga teknikleri sayesinde insanın saatlerce nefessiz kalabildiği ispatlanmıştır, inzivaya çekilerek aylarca su, yiyecek ve nefes olmadan yaşayan Hintli dervişler vardır.

Bununla birlikte Prana olmadan insan bir saniye bile yaşamaz, çünkü evrendeki her şeyin temeli ve organizmanın doğasında olan Prana yaşamı desteklemektedir. Yine bu kitapta bolca bahsettiğim gibi insan vücudu nefes ve enerji uygulamaları ile elektromanyetik alanlarını güçlendirebilir. Yogada da kullanılan Prana alanı buluta benzer ve elektromanyetiktir. Hint yaşam bilimi insan gövdesindeki enerji merkezlerine çakra adını vermiştir, aynı zamanda başımızın en tepe noktası ile vücudumuzun en alt noktası arasında omurgamız boyunca olan kanala Sushumna kanalı ve bu kanal üstünde bir yılan gibi sağdan ve soldan sarmal şekilde çıkan enerjiye de Kundalini enerjisi denmektedir. Yoga nefeslerinin uygulanması sırasında, omurgada yükselen Kundalini enerjisiyle oluşan, enerji dalgaları ile manyetik enerji dalgaları 90 derece açı oluşturmaktadır. Bu yüzden enerji spirali meydana gelmektedir. Enerji boyutunu görebilenler bu renkli enerji spirallerini görebilir. Kirlian fotoğrafçılık yöntemiyle bu olgunun resimleri bile çekilmiştir.

Prana enerjisini yükselterek, levitasyon gibi olağandışı beceriler için kullanabilirsin. Levitasyon havadan daha ağır nesnelerin fiziksel bir yardım almadan havada asılı durmasına deniyor. Levitasyon ile kişilerin havada durduğu ya da gezinebildiği biliniyor. Konunun en yakın örneği, yakın tarihte Rahibe Teresa'nın 250 kişinin önünde havalanmasıdır.

Kadim Hint yazıtlarında meditasyon sırasında yerden havalanan üstatlarla ilgili metinler de bulunmaktadır. Peki nasıl oluyor da havadan daha ağır bir nesne hiçbir fiziksel yardım almadan uçabiliyor?

Elbette hafifleyerek.

3. Maya/Aztek

Güney Amerika'da yaşayan en eski uygarlıklardan Maya ve Aztek uygarlıkları, halen astronomi, matematik, mekanik, mühendislik ve tıp bilgileriyle günümüz bilim insanlarını şaşırtmaya devam ediyorlar.

Maya ve Aztek uygarlıkları gökyüzü ve gezegenlerle çok ilgiliydiler. Ekinoks dediğimiz mevsim geçişlerini hesapladıkları Maya takvimi prensiplerine göre doğayla uyum içinde yaşarlardı. Beslenme ve müziğin de içinde olduğu şifa sistemlerini uygularlardı.

Maya uygarlığı, davulları kullanan şaman şifacılarla ayinler yapardı. Maya şaman inancına göre insan ruhsal bir varlıktır. Bu üçboyutlu fiziksel dünyanın üstünde, gözle göremediğimiz ve bir şamanik yolculukla ulaşılabilen, bir de üst âlem vardır.

Her şeyin canlı ve tüm yaşamın ortak bir enerji alanında birlikte var olduğu bir âlem ki bu ortak enerji alanına "Holistik Evren" diyoruz.

Şamanik inanca göre her şeyi birbirine bağlayan bu "ağ"a katılmak önce niyetle, sonra bilinçli enerji yönetmekle mümkün...

Şamanik kozmik deneyimlerle frekans yükseltilerek astral yolculuklarla bu deneyim yaşanır.

4. Kızılderililer/Şamanizm

Kızılderililerin ataları Bering Boğazı'ndan yürüyerek geçen Uygur Türkleri yani Orta Asya Şamanlarıdır.

Ritüelleri ve şifa sistemleri tarih içinde değişkenlik gösterse de, kullanılan aksesuvar, inanç sistemleri karşılaştırıldığında bilgiyi doğrulamak mümkün olur.

Çeşitli hayvan organları, boynuzlar, dişler, kuyruklar ve postlardan yapılan davullar, ziller ve ses çıkaran bazı aksesuvarlarla birlikte, duman ve tütsü de yine Kızılderili şamanlarda kullanılıyor. Şaman şifacılar giydikleri elbise ve taktıkları gerdanlıklarla çalışırlar.

5. Orta Asya Türkleri

Orta Asya Türklerinde müzikle tedavi şifanın kaçınılmaz parçasıdır. Uygulamaları Şaman, baksı veya khamlar (Şaman şifacılar) yapıyorlardı. Khamlar ve baksılar bugünün doktorları gibi görevlilerdi. Baksılar genellikle Şaman müzisyenlerden oluşuyordu. Kham ve baksı adı verilen Orta Asya hekimleri, müzik ve dansı hastanın tedavisinde kullanıyorlardı. Amaçları hastalıkları iyileştirmek, şifa vermekti.

Şamanlar müzikleri kopuz veya sazla çalıyordu. Aynı zamanda Türkler dümbelek, düdük, çan, gonk, çene, bağlama gibi araçları da kullandılar.

Şamanlar için davul çok önemlidir. Hatta bir Şaman öldüğünde davulunun da parçalanarak ağaca asıldığı söylenir. Şamanların davulları kayın ve sedir ağaçlarından yapılır.

Baksılar davul gibi müzik aletleriyle transla tedaviyi gerçekleştiriyorlardı. Transta müzikle beraber dans ediliyor, omuz, kol, baş hareketleriyle enerjinin bütün vücudu ve ruhu sarması bekleniyordu. Sonrasında hasta da trans edilerek tedavisi gerçekleştiriliyordu. Müzikle beraber transa geçerek hastalığın tedavisine çalışan baksılar, dutar, dobra denilen müzik aletleri de kullanıyorlardı.

Sufizm: İslam'ın gizemci geleneğinde marifete giden çeşitli yollar vardır. Bu yollardan biri de sufizmdir. Sufilerin marifet yolundaki en önemli araçları müziktir. Marifete sıradan yolla ulaşılmaz. O, insanın içsel, ruhani yönünü gösteren bilgi ile anlam kazanır.

Anlama ulaşma aracı ise, beste ve güftedir. Sufi müziklerinde, anlamlı bazı kelimeler sürekli tekrarlanır. Bu kelimeler, tarikat üyelerinin transa geçmeleri için gereken sözel ve ritmik katalizörlerdir.

Sufiler müziğin ruhun gıdası ve tedavisi olduğunu söylerler. Kitlelerle buluşmanın en güzel yolu sufizme göre müziktir. Sufizme göre ruhsal arınmada ustalaşmanın en önemli aracı da yine müziktir. Müzik ruhsallığa anlam katar ve yol gösterir.

Kavvali, İslam'ın sufi gelenekleriyle bağlantılı bir müzik formudur. Bu form, sufi tarikatında Tanrı'ya ulaşılması ve Tanrı'nın mesajının insanlara iletilmesi için kullanılır. Bu işlem dinleyicileri transa götürebilir.

Tasavvuf: Tasavvuf müziği kadim bir geleceğin parçasıdır. Tasavvuf ekolü ruhun müzikle hastalıklardan kurtulup, olgunlaşacağını düşünür. Tasavvuf müziğini dinden ayrı tutmamak gerekir. Bu müzik türünde enstrümantal ve sözlü müzik de bulunur. Tasavvuf müziği makamlarla yapılır. Tekkelerde Mevlevi müziği, halk içinde ise Alevi Bektaşi müziği kullanılır. Tasavvuf müziğinde bendir, kudüm, nevbe, rebap, ney gibi müzik aletleri kullanılır. Ayin-i Evliyaullah denilen tasavvufi ayinlerde müzik kullanılır. Dergâhlarda da ayin düzenlenir.

II. BÖLÜM

TİTREŞİM NEDEN DÜŞER?

Her Şey Titreşimi Etkiler

İnanmayabilirsin ama aklına bile gelmeyecek şeyler frekansını düşürebilir. Bütünsel olarak yine fizik, ruh, enerji boyutlarında konuyu ele alacak olursak; besinlerden teknolojiye, kirli mekânlardan düşük enerjili insanlara, hareketsizliğe kadar pek çok faktör, frekansı düşürebilir. Titreşimi düşük tutan en yaygın sorun istemediğimiz şeye odaklanmak; bilinçli ve bilinçsiz olarak olumsuz sonuçları ve istenmeyen deneyimleri hayal etmektir. Buna geçmiş, şimdi ve gelecekteki her şey dahildir. Genel olarak aşağıda listelediğim konular titreşimin düşmesine neden olur.

• Hayatta kalma korkusu veya gelecek için endişelenmek

• Geçmişle ilgili utanç duyma veya bir şekilde geçmişe tutunma

• Kıtlık, güçsüzlük ya da mağduriyet gibi sınırlayıcı ya da yanlış inançlar

• Kendini ve başkalarını eleştirme, yargılama

• Değersizlik hisleri

• Olumsuz düşünme

• Kendine ve evrene güvenmemek

Bir problem ya da potansiyel bir problem ortaya çıktığında, soruna odaklanmak insan doğasıdır. Ancak titreşimimiz odak noktamızın kaynağından daha yüksek olamaz. Belki biz çoğu zaman soruna karşı savaşmayı seçiyoruz. Ama bu aynı zamanda yanlış yöne gitmeye de yol açıyor. Çünkü neye karşı savaşırsak, enerji veriyoruz. Böylece titreşimimizi savaşmakta olduğumuz eşleşmeyle düşürüyoruz.

Barış yanlısı bir eylemi düşünebiliyor musun? Barış istiyorsun ama savaşarak. Huzur arzuluyorsun, ama huzur için kavga ediyorsun.

Savaşa karşı savaşıyorsan, savaşa uyum sağlarsın ve savaş düzeyinde titreşirsin. Bir şeye karşı değil, bir şey için "olmak" önemlidir. Eğer barış istiyorsan, barışçıl olmalısın. Eğer sevgi istiyorsan, sevgi dolu olmalısın. İyi haber şu ki, her an nasıl hissettiğinden ve nasıl titreştiğinden sorumlu olduğunu anladığın anda, düşük titreşimini yükselterek bambaşka bir gerçeği yaşamaya başlayabilirsin.

Nasıl mı?

Kendinle sürekli bağlantıda olarak...

İçsesinle veya öz benliğinle bağlantıda kalarak...

"Ayşe, o da ne?" diye sorabilirsin.

Sorun değil...

Şöyle açıklamaya çalışayım...

Hani aynaya bakan bir sen var, bir de aynaya baktığında kendiyle ilgili düşünmeye başlayan sen var, ayrıca düşüncelerinin sonucunda bir şeyler hisseden bir sen daha var ya. İşte bu üçünden bahsediyorum. Ruhun, zihnin ve bedenin üç ayrı şey ama birbirinin içinde... Biri olmadan bağlantıda olamayacağın ve tam anlamıyla iyi olamayacağın şeyden bahsediyorum.

Zihnimiz yani zekâ ve aklımız, bizi insan olma vasıflarımızı yerine getirirken bir yandan da toplumsal hayat içerisinde birey olarak var etmeye yarayan bence en önemli aracımız. Zekâmız, Batı biliminin katmanlarının bir kısmını daha yeni keşfedebildiği büyük bir gizem. Akıl ise içsel bilgelik, zekâdan tamamen bağımsız, doğduğumuz anda atalarımızdan, ruhsal tarafımızdan beslenen diğer aracımız. Bir de ruhsal tarafımız var ki tüm bu ikisinden bağımsız. Hisseden ve sezen tarafımız...

Beynimiz üzerinden açıklayacak olursak, sağ lobumuz, duygusallığımız, hayal gücümüz, yaratıcılığımız ve sezgilerimizdir. Araştıran, analiz eden, matematiksel bakan kısım da beynimizin sol lobu...

Bu ikisinin eşit kullanılıyor olması muhteşem bir dengedir.

Ancak muhteşem araçlarımızı nasıl kullanıyoruz?

Hissettiklerimizi veya sezgilerimizi ne kadar açığa çıkarıyoruz? Yoksa duymazdan mı geliyoruz, bastırıyor muyuz, sesimizi mi kısıyoruz?

2009 senesinde Bebek'teki aromaterapi mağazamın arkasında hizmet verdiğim SPA Kabini'me uzun boylu, oldukça alımlı ve güzel genç bir kadın girdi. Aslında oda parfümü almaya geldiğini, ancak asistanımın aromaterapi seansları verdiğimi söylemesi üzerine konunun ilgisini çektiğini söyledi. Bir türlü geçmeyen, çözüm bulamadığı baş ve boyun ağrıları için benden aromaterapi seansı almak istedi.

Aromaterapi seanslarımın ilki hayli uzun sürer. Danışanımın sağlık geçmişini tüm detaylarıyla dinlerim. Geçirdiği kazalardan duygusal travmalarına, beslenmesinden tuvaletine kadar etraflıca araştırır, sorular sorarım. Bu noktada bir terapist olarak empatiyi kullandığımı söylemeliyim. Genel olarak enerjiyle çalışan tüm terapistler, söylenmeyen şeyleri de hissederler. Ben de bu sessiz anlaşmayla hep çok derin bağlantılı şifa seansları yapmışımdır danışanlarımla.

Seansımız ilerledikçe karşımda tüm özgüveniyle ve güzelliğiyle oturan genç hanımın yaşadığı korkunç baş ve boyun ağrılarını tedavi etmek için yapılan işlemleri hayretle dinledim. Ağrıkesiciler, boyun kaslarının kesilerek bölgenin rahatlatılması, nöral terapi ve pek çok farklı uygulama... Ancak şikâyet halen devam etmekte...

Sorularım duygusal kısımlara gelince işler değişti. Söz edilmeyen, satır aralarında saklanan bir şeyler vardı. Kontrolü kaybetmeyen, kendisini çok tutan biri olduğunu hissettiğim için üzerine çok gitmeden kendisine uygun aromaterapi karışımıyla beraber masajını uyguladım. Biyoenerji alanına girmiş olduğum için, seans ortasında karın bölgesinde çok yüksek bir enerji blokajı görüp, enerjimle hafifçe maniple ettiğimde, ağlamayla beraber gelen bir boşalma yaşadı. Gözyaşlarına hâkim olamayan bu güzel ruh, hayli şaşkındı. Kendisini telkinle rahatlattım, daha çok kalp ve karın bölgesinde enerji dengeleyerek rahatlamasını sağladım. Normalde masajın ardından danışanımla seansı bitirir, bir hafta sonra kendisini tekrar görmek isterim. Ancak bu vakada, masaj sonrasında kendisiyle bir görüşme daha yapmam gerekiyordu.

Evliliğinde çok mutsuz olduğunu itiraf etti. Bu itirafla beraber iyileşme süreci başlamıştı aslında. Boyun ve baş ağrıları ona duymazdan geldiği, arkaya ittiği duygusal problemlerini göstermek için birer işaretti aslında. Bilinçaltımızı biraz olsun ortaya döktüğümüzde bizlere neler anlattığını ve böylece şifaya ulaşabildiğimizi kendisi de anlamış oldu.

Sonraki seanslarımızda, aslında bastırdığı tüm duygularını kolayca bıraktığında şifanın ne kadar hızlı geldiğini deneyimledi. Bilinçaltımızın bizlere oynadığı oyunlarla, esas problemden kaçarak ona daha büyük sağlık sorunu olarak geri dönen tüm bu duyguları bastırmanın ne büyük şeylere kadir olabildiğini gördü.

Bu güzel ruh aslında hayatımızı nasıl yaşadığımıza iyi bir örnekti. Çoğumuz böyle değil miyiz? Esas sorunu unutmak istiyoruz, görmezden geliyor, sorunun etrafından dolanıyoruz. Sorunumuza bakmaktan ödümüz patlıyor, yaramızı açmaya korkuyoruz. Elbette insan zihni muhteşem bir makine, bizi hayatta tutabilmek için stres veya travma yaratan tüm faktörleri hemen geri plana itiveriyor. Yani bilinçaltına. Biz de onların yüzünden uyuyamıyor, uyuşturmak için ilaçlar alıyoruz. Sağlık sorunumuza sebep olan asıl nedeni öğrenmek yerine yan etkileri daha fazla olan ameliyatlar olmaya dahi razı oluyoruz. Bizi gerçekten acıtan o düşünceye bakmaya dahi katlanamıyoruz. Kafamızı başka yere çeviriyoruz, gözümüzü kapatıyoruz. Karanlıkta bırakıyoruz kendimizi. Durumumuzu ve gerçeğimizi görmezlikten geliyoruz. Bu da aslında özümüzle olan bağlantının kopması demek...

Öz ile olan bağlantıyı kaybediyoruz. Kaybettikçe hastalıklarımız artıyor. Gördüğün gibi bütünsel şifa sisteminin önemi bir kez daha ortaya çıkıyor bu noktada.

"Dengemizi kurabilmemiz için zihnimiz ve ruhsal tarafımızla olan bağlantımız çok önemli... Özünle bağlantıda kal."

Kim olduğumuzu, bir insan olarak bizi tanımlayan esas tarafımızın bedenimiz değil ruhumuz olduğunu anladığımızda, içsesimizi dinleyerek hareket edecek, aslında evrensel yasalara ve yaratana yaklaşacağız.

- Her şey bir yansıma,.. Sen de öyle...

Dünya sen nasılsan öyledir.

İnsanlar sen böyle olduğun için böyle... İçeride ne varsa onu yansıtıyorsun. Bunu anladığında hareketlerinin tüm sorumluluğunu alacaksın. Hep diyorum ya, sen frekans yayan bir vericisin...

Düşüncelerinin ve duygularının yarattığı enerji vorteksi, ihtiyacın olan enerjiyi sana çeker. Bu basit bir fizik kuralıdır. O yüzden içeride ne varsa dışarıda da o vardır. Yukarıda ne varsa, aşağıda da o vardır.

Ekonomik kriz, küresel ısınma, çağın vebası haline gelen stres, teknolojinin gelişmesinin doğaya verdiği zararlar, toplumsal sıkıntılar çağımızın en büyük sorunları haline geldi. Çocuklarımızın başına geleceklerden korkuyoruz, seçim sonuçlarından korkuyoruz, terör saldırılarından, ekonomik krizden korkuyoruz. Kıyamet korkusu, deprem korkusu, 2012 yılı korkusu, uzaylıların istilası korkusu, her sene kuş, domuz, gergedan gibi hayvan isimleri alan türlü çeşitli griplerin korkusu, çimlerde yalınayak dolaşmamıza bile gölge düşüren kene korkusu, dalgalanıp duran dövizin korkusu, gıdaya yapılan aşırı zam korkusu, ekonomik kriz korkusu, işsizlik korkusu... Saymakla bitmez... Sanırım sen beni anladın...

Herkes korkularına ve eski sisteme sıkı sıkı tutunmuşken, frekanslar da haliyle düşüyor. İnsanlık sistematik olarak uyutuluyor. Ama bir yandan değişim öylesine hızlı geliyor ki, her darbeyi sancılı hissediyoruz. Bundan 5-10 yıl öncesine kadar dünyaya dair pek çok konuda vurdumduymaz davranabiliyorduk. Fakat değişim her canlının kapısını çalmış durumda. Çevrende hangisini sıklıkla görüyorsun?

- Kızgınlık
- Korkaklık
- Depresif ruh hali
- Yalancılık
- Sahtekârlık
- Dedikodu
- Aşırı yargılayıcılık
- Cahillik

Titreşimini artırmak için, doğal titreşim yani sevginin en yüksek titreşim olduğunu anlamak önemli... Titreşimini bastırmaya devam eden her şeyi bıraktığında enerji frekansın kolaylıkla ve zahmetsizce yükselecektir.

Trafikte, okulda, işte, markette, banka kuyruğunda bile yaşadığın stres titreşimini düşüren şeyler... Öncelikle kaygıyı, siniri, endişeyi, öfkeyi, yargılamayı, takıntılı düşünceleri kendimizde yakalayabiliyor olmamız ve kendimize dışarıdan bakabilme becerimizi geliştirmemiz gerekiyor. Bana göre insan kendi hakkında ne kadar çok şey bilirse, karanlıklarını o denli ışığa çevirebiliyor ve rahatlıyor. Cesaretle, korkmadan, kendini korumadan ve her şeyden önce dürüstçe içeriye bak.

Ne var içeride?

Neyin ortaya çıkmasından korkuyorsun?

Gizlediğin nedir?

Ortaya çıkacak şeyler sana göre o kadar kabul edilmezler ki, onları gizlemek için çok çaba harcıyor, bu çaba ile daha büyük bir direnç yaratıyorsun.

Mesela vücuduna bak. Omuzların gergin mi? Yumrukların hep sıkılı mı, ayaklarını sinirli sinirli sallıyor musun, boynun hep ağrıyor mu, ağzın kuruyor mu?

Stresi başka yerde arama, erken stres belirtileri bunlardır işte.

Önce zihnini kontrol altına almalısın ki kaygıya ve korkuya neden olan faktörleri ortaya çıkarmak mümkün olabilsin. Sonrasında bütün bunları birlikte organize edeceğiz, her an kontrolü sağlayabilmen için sana birtakım araçlar vereceğim:

Korku: Yaşanan korkuların oluşturduğu titreşim, toplumsal bilinç seviyesinde de bir frekans yaratıyor. Bu frekansla, yani kitlesel olarak ortaya atılan düşüncenin frekansıyla başka bir rezonansa giriyoruz. Korkan insan sayısı arttıkça, korkunun yaydığı düşük titreşim alanı daha da genişliyor ve ister istemez bir felakete sürüklüyor. Korku da bir duygu, onunla savaşmıyoruz elbette, ancak bizi ayıran bir duygu. Korku, bizi kendimizden, birbirimizden ayırır.

Korkular hep olacak, zaten hep vardı. Korku, toplumları hizada tutan, sorgulatmayan, isyan etmeden yaşamalarını sağlayan şahane bir sistem bence... Çünkü var olan sistemin değişmesi istenmiyor. Herkes uykuda kalsın isteniyor.

Çevre: Elbette çevresel şartlar titreşimi etkiler. Çevreden kastım sadece evin, sokağın ya da şehrin değil... Mikro boyutta ilk çevremiz içinde yaşadığımız bedendir. Bu sebeple bedensel temizliğine verdiğin önem titreşimin üzerinde çok etkilidir. Yaşadığın ortamın temizliği, düzeni, ortamdaki radyasyon, elektromanyetik dalgalar, şehir kirliliği... Her şey titreşimi etkiler...

Zihin ve duygular: Düşüncelerin de, duyguların da titreşimini etkiliyor. Denetleyebildiğin duygu ve düşüncelerinin yanı sıra bir de çevrendeki negatif, toksik ve düşük frekanslı insanlarla kurduğun ilişkilerin var. Ayrıca çocukluğundan bugünkü hayatına kadar deneyimlediğin duygusal travmalar üzerinden başlayarak derin boyutta atalarına kadar her şey titreşimini etkiliyor.

Müzik: Ben müziğin ruh halimizi, duygularımızı etkilediğini fark ettiğimden beri, kendimi korumak, enerjimi yükseltmek ve dinginleşmek için müziği kullanıyorum. Henüz anne karnındayken bile, annenin kalp atışlarının çocuk açısından müzik niteliği taşıdığını artık hepimiz biliyoruz. Bir yenidoğan; annesinden alıştığı kalp ritmi sesinden büyük huzur duyar. Bu yüzden annesinin göğsüne yaslanmak onu rahatlatır. Yapılan araştırmalarda, annelerinin kalp seslerini dinleyen bebeklerin daha kolay, rahat, huzurlu ve vaktinde uyudukları gözlenmiştir.

Yine Türkiye'de yapılan başka çalışmalarda arabesk, heavy metal ve Klasik Batı Müziği dinleyen ergenler arasındaki saldırganlık düzeyleri karşılaştırıldığında, heavy metal müzik dinlemeyi tercih edenlerin diğer müzikleri dinlemeyi tercih eden gruplardan anlamlı düzeyde saldırgan ve kaygılı davranışlar gösterdikleri saptanmış. Dolayısıyla sadece müzik ruh halimizi değiştirmekle kalmıyor, müziğin frekansı da bizleri etkiliyor diyebiliriz.

Gıdalar ve içecekler: Benzer ancak benzeri iyileştirdiğine göre, insan sisteminin hücre yapısından hücre çekirdeğinin frekansı arasında bağ kurmamız gerekir.

Senin DNA'na en uygun şey, seni iyileştirecektir. Semptomları gidermek üzere tercih edilen sentetik her şey tek boyutlu bir iyileşme sağlar. Üstelik bir dolu yan etki ve arızalar bırakır.

Doğada var olan doğal her şey çok boyutlu, faydalı ve komplekstir. Sentetik, yani melez olan ise tek boyutludur, az faydalıdır ve basittir. Yağlardan sebzelere, proteinden fermente gıdalara kadar...

Ayrıca unutmamalı ki çiğ, doğal ve otantik gıdanın titreşimi yüksektir.

Düşük titreşimli yiyecekler:

Gazlı meşrubatlar

İşlenmiş ve konserve yiyecekler

Şekerli yiyecekler

Rafine un içeren yiyecekler

Hayvansal işlenmiş ürünler

Kahve, özellikle hazır kahveler

Kimyasal tatlandırıcılar

Yüksek titreşimli yiyecekler:

Yeşillik

Sebzeler

Meyveler

Bakliyat

Tohumlar

Kabuklu yemişler

III. BÖLÜM

TİTREŞİMİ YÜKSELTMEK MÜMKÜN

Beslenme: Yediğin İlacındır

Hipokrat'ın "Yediğin ilacındır" sözüne tüm kalbimle katılıyorum ve bir de ekleme yapıyorum. "Vücuduna aldığın her şey ya şifandır, ya zehrin..."

Ne yediğin kadar nasıl yediğin de çok önemli.

Vücudumuza aldığımız tüm besinler bizi sadece biyokimyasal etkileriyle değil, biyodinamik yapılarıyla, titreşimleriyle de etkilerler. Yani en iyi gıda, en iyi kalite et olmayabilir. Yiyeceğinin de iyi bir titreşime sahip olması çok değerli.

Ben uzun yıllar boyunca detoks yaptım, vejetaryendim. Çoğunlukla yoga, meditasyon ve şifa kamplarında vaktimi geçirdim. Ancak bir süre sonra yapamadım. Yemek yemeye başladım. Vücudum hayvansal gıda çekti ve et yemeye başladım.

Demem o ki ihtiyacım olan sadece yüksek titreşimli enerji değildi. Yin ve Yang gibi, dengeyi korumak gerektiğini anladım. Yani eril ve dişil beslenmek gerekiyordu. Mevsimlerin döngüsünü yakalayarak beslenmeyi unutmuşken, doğup büyüdüğüm coğrafyada atalarımın hiç yemediği "acai berry smoothie" kâsesinin işi ne?

Aynı şey kelimelerim ve düşüncelerim için de, Uzakdoğu felsefeleri ve yoga için de geçerli. Yoga ve nefes hayatta ihtiyacımız olan tek şey değil, hayatı dolu dolu yaşayıp dengemizi korumak için faydalanacağımız şeylerden biri olursa dengemiz iyi olacaktır. Fiziksel olarak karın kaslarımın muhteşem gözükmesi ya da bir kilometreyi 3 dakikada koşmanın içinde büyük bir sorun ya da başarı yok. Spor salonunda çalıştığımda da, ağırlık kaldırdığımda da teşekkür ediyorum, market alışverişinin ağır torbalarını taşırken de. Dengemi, fiziksel mükemmelliğime erişmek için karanlık-aydınlık etmenleri kullanarak sağlamayı seviyorum. Yeri geldiğinde erkek gibi küfür edebilir, duvarları tekmeleyebilirim. Sonra dingin bir şekilde yumuşak bir yastığa başımı koyabilir, yumuşak bir sesle şarkılar söyleyebilirim.

Herkesin vejetaryen ya da vegan olabileceğine tabii ki inanmıyorum, ancak en azından bu kitaptaki bilgiler ışığında hayat dengelerinin biraz değişmesine katkım olur diye ümit ediyorum.

Hepimizin tek ihtiyacının yüksek titreşimler ya da koşulsuz sevgi vermek olmadığını da biliyorum, en azından şimdilik... Dünya tezahüründe ihtiyacımız olan şey, aydınlık ve karanlığın dansından zevk almayı öğrenerek bu işte ustalaşmak ve dengeyi korumak.

Dünya oyununa çok dalmış, olanı biteni algılayamaz hale gelmiş olabiliriz. Bu yüzden yaşadığımız şeylere bir göz atalım derim. Neleri eleyeceğiz, nelerle çalışacağız netleştirelim. Birçok insan sağlıklı olmaya çalışıyor, ancak sadece sebze suyu içiyor olmak frekansını yükseltmez, sağlıklı besleneceğim diye düşük titreşime geçtiğini fark edemiyorsun, çünkü çoğunlukla tüm diyetler düşük titreşimli.

Aynı şekilde protein tozları da öyle... 2-3 gün bekleyen detoks suyu karışımları da... Bunlar vücudu yapılandırıyorlar ama titreşimi düşürüyorlar.

‖‖

"Gıdaların da frekansı olur mu?" deme.

Tabii ki olur.

Buyursunlar...

‖‖

İşlenmiş market gıdası: 0 MHz

Taze ürün: 10-15 MHz

Kurutulmuş bitkisel gıda: 12-22 MHz

Taze bitkiler: 20-27 MHz

Soğuk presle elde edilmiş organik bitkisel özler ve yağlar: 52-320 MHz

Ne kadar canlı besin, o kadar yüksek titreşim

Yüksek titreşimli beslenme fazlasıyla bitkisel besin içerir. Hayvansal ürünler bu beslenme biçiminde görülmemektedir. Ancak yine de hayvansal ürün yiyeceksen, serbest dolaşmış hayvanlar olduğundan, vahşice yakalanmadığından, organik olduğundan emin ol derim. Hayvansal gıda tüketmekte ısrarcıysan, temiz, güvenilir ve sağlıklı kaynaklardan gelen gıdayı tüketmeyi tercih etmelisin.

Organik, ev yapımı kefir, probiyotik kaynağı süt ürünleri ya da kolajen kaynağı paça, ilik suyu, iyi kalite et gibi...

Benim öğünüm genelde organik bir yumurta, yanında bir yeşil içecektir. Tabağımın yüzde 80'i yeşillik, çiğ sebzeler ve filizler... Tabağımın yüzde 20'si hayvani protein kaynağı olur ki ya balık ya da nadiren süt ürünleri tercih ederim. Bakliyat, tahıllar ve bitkisel yağlar enerji kaynaklarımdır. İyi bir ızgara ete ve bolca yeşil salatayla kendini iyi besleyebilirsin.

Hayatının kalitesini yaşam tarzın ve tercihlerin belirler.

Hücre çekirdeğimizin mikro elektrik santrallerinden *İyilik Sende* adlı ilk kitabımda bolca bahsetmiştim.

Vücudun mikro-herkülleri: Mitokondriler!

Vücudumuzun mikro enerji santralleri...

Hücrenin içinde proteinlerden oluşan mitokondriler, tıpkı bir elektrik santrali gibi çalışır ve hücrenin faaliyetleri için gereken enerjiyi üretir. Mitokondriler yoğun faaliyet içinde, misyon bilinci ve motivasyonu bitmeyen şampiyon sporcular gibilerdir. Herhangi bir bakıma ihtiyaç duymadan görevlerini sürdürürler.

Peki ya kaynakları nedir?

Çok basit...

Nefes, su, yiyecek...

Mitokondri neredeyse hücrenin tüm enerjisini üretir. Oturduğun yerden kalkıp yürümen, ayakta durman, nefes alman, gözlerini açıp kapaman, kısacası hayatta olman için gereken enerji, hücrelerindeki "mitokondri" denen santrallerde üretilir.

Mitokondri olmaksızın hücreler yapmaları gereken işlerin hiçbirini gerçekleştiremez: Mitokondrisiz kas hücreleri hareket edemez, karaciğer hücreleri kanı temizleyemez, beyin hücreleri emir veremez.

Doğal hayatın içinde yaşayan tüm hayvanlar besinlerini doğadaki halleriyle tüketiyorlar. Doğada sadece insanoğlu yiyeceğini pişiriyor ve hastalıklardan kurtulamıyor. Yiyecekleri doğal haliyle, canlı şekilde tüketenler daha canlı, berrak ve keskin düşünebilenlerdir. Daha da önemlisi hastalıklardan uzaktırlar.

Yiyecekler ısıya maruz kaldıklarında tahribata uğrarlar ve besin değerleri tamamen kaybolur. Bir saniyeliğine elini kaynar suya sokmayı ya da yanan ocağın üzerine koymayı dene... Sıcağın nasıl tahrip edici olduğunu hisset. Yiyecekler bu tahrip edici ısıda neredeyse 30 dakika ile 1 saat boyunca kaynıyorlar. Yaşayan her türlü madde, ısıyla kademe kademe ölüyor.

Pişirme işlemi besinlerdeki toksik içeriği açığa çıkarıyor. Pişirme işleminin derin karanlığı, yiyecekleri bu şekilde tükettikten sonra beyaz kan hücresi sayısının 2 hatta 3 katına çıkmasına neden oluyor. Beyaz kan hücreleri vücudun ilk aşama savunma hattıdır ve halk dilinde "bağışıklık sistemi" olarak bilinir.

Yapılan araştırmalarla birlikte her defasında pişirme işleminin besinleri mutasyona uğrattığı ve kansere neden olduğu hatırlatılır. Pişirme sırasında besinlerin maruz kaldığı ısı derecesinde proteinler pelteleşmeye ve amino grubunu yok etmeye başlar. Böylece besin değerleri de kalmaz. Pişirme işlemiyle en hızlı vitaminler kaybolur.

Mineraller organik içeriklerini kaybeder ve toprakta, denizde ya da kayalarda bulundukları temel hale döner. Temel halleri vücut tarafından kullanılamaz ve atıldıkları yerde doymuş yağlar ve kolesterolle birleşerek, kireçlenme yaparlar.

Isıya maruz kalan yağlar zarar verici hale gelirler çünkü ısıyla birlikte bozularak akrolein, serbest radikaller ve başka mutasyon maddeleriyle kanserojen maddeleri ortaya çıkar. Bütün bu verilere göre cansız ve ölü besinlerin zararlı olduğunu, öldürücü sonuçlara yol açtığını söyleyebiliriz.

O zaman hadi, hücrelerimize yaşam besini verelim. Rahatlıkla sindirilen, öldürülmemiş, yani pişirilmemiş besinler tüketelim. İyi yiyecekler pişmemiş ya da işlenmemiş yiyeceklerdir. Rengârenk salatalar, taze olgun meyveler ve taze sıkılmış suları.

Kulağa lezzetli geliyor ama değil mi?

Yemekleri pişirmek zararlı mı?

Neden bu soru soruluyor?

Çünkü tüm dünya, acılarla ve hastalıklarla mücadele ediyor. Son araştırmalar vücudumuza kattığımız besin kalitesinin, yaşam kalitemizi belirlediğini söylüyor. Tıpkı makinelerin doğru çalışabilmesi için kaliteli yakıt almaları gerektiği gibi...

Maalesef çok az insan besin kalitesinin, vücudumuzdaki fiziksel ve mental performans kapasitesini belirlediğini anlayabiliyor.

Ben de çok zaman şu tip sorularla karşılaşıyorum:

"Mısır yiyebilir miyiz?"

"Patateste sorun var mı?"

"Yulaf, ekmek, tahıl gevrekleri sağlıklı mı?"

"Tofu yesek sorun olur mu?"

Daha pek çok pişirilerek yenen ürünler...

Ben de "Eğer yiyecekleri taze ve çiğ halleri ile tüketmeyecekseniz, hiç yemeyin daha iyi" diyorum.

Canlı besin tüketenler:

• Kendilerini daha sağlıklı ve zinde hissederler

• Çok daha enerjik ve dayanıklı olurlar

• Çok daha derin ve rahat uyurlar

• Daha keskin bir zekâya sahip olurlar

• Egzersizle birlikte çok hızlı ama sağlıklı kilo verirler

• Vücutları temiz ve hastalık belirtilerinden uzak olur

• Daha aktif, dinamik ve çözüm üretici olurlar

• Stressiz ve sakin olurlar

Sunduğum düşüncelere karşı çıkan ve bir sürü ters fikir öne sürenler de var elbette. Ben de onlara "Neden deneyerek kendiniz gözlemlemiyorsunuz?" diye soruyorum.

Doğada insanların dışında tüm hayvanlar yiyeceklerini canlı ve taze şekilde tüketiyor. Sadece insanlar yiyeceklerini ısıya maruz bırakarak tüketiyor ve bu şekilde hastalıklara davetiye çıkarıyor. Doğada hastalanan hayvan çok az. Biz insan ırkı olarak hayvanlardan daha zeki varlıklar olduğumuzu iddia ederken, nasıl olur da hastalanırız? Sadece insanlar düzenli olarak erken ölümler yaşıyor. Şu anda insanlar arasında doğal yolla yaşanan ölüm o kadar az ki, oranını bile tam olarak bilemiyoruz.

Sırada şu soru var:

"Yemekleri pişirmenin ne zararı olabilir? Herkes yapıyor..."

Neredeyse herkeste diş taşı, safra taşı, mide ekşimesi var... Ağrılar, obezite, görme bozuklukları ve sıkça tekrarlayan grip enfeksiyonları da keza çokça rastlanan rahatsızlıklar değil mi?

Çünkü ısıya maruz kaldığı andan itibaren besinler pek çok besleyici özelliğini kaybetmeye başlar.

Dünyada başka hangi hayvan yemeğini pişirerek yiyor?

Dünyada başka hangi hayvan yaşadığımız hastalıkları yaşıyor?

Ateş bulunmadan önce insanlar yiyeceklerini nasıl tüketiyorlardı?

Çiğ, değil mi?

Yaşayan yiyecekler

Çiğ ve yaşayan yiyecekler, enzim içeren yiyeceklerdir. Genel olarak, yiyeceklerin 45 derecenin üzerinde pişirilmesi enzimleri yok ediyor. Çünkü enzimler 40 derecede bozulmaya başlıyor. Pişen yiyecekler enzimlerden yoksun kalıyor, daha da kötüsü pişirme işlemi yiyeceklerin moleküler yapısını da bozarak, toksin hale çeviriyor.

Çiğ ve yaşayan yiyecekler, pişmiş yiyeceklerden çok daha yüksek besin değerlerine sahiptir. Çiğ besinlerde depolanmış enerji pişmiş besinlerdekine oranla çok daha fazladır. Pişmiş gıdalara uygulanan ısı, enzimlerin yapısındaki proteinleri bozarak, potansiyel enerjinin tam verimle kinetik enerjiye dönüşmesini engeller.

Peki bu ne demek?

Besin, enerjiye daha az dönüşüyor demek.

Vücudumuz ne kadar az enerji üretirse, hücreler o kadar erken yaşlanmaya ve kendini yok etmeye başlar. Bu yüzden günlük beslenmemizin yüzde 60'ı çiğ besin olmalıdır. Tüm sebzeleri çiğ yiyebiliyoruz sonuçta. Her öğünde mutlaka salatalar, filizler ve meyveler masanda olsun derim.

Aileni ve bedenini enerjik ve canlı gıdalarla beslediğinde enerjinin ne kadar yükseldiğini, uzun saatler kendini enerjik hissettiğini göreceksindir.

İspatını istiyorsan, beni takip et. Bitmek bilmeyen enerjimin kaynağını merak ediyorsun ya, cevabım yaşayan besinlerdir.

Bağırsak floramızın sağlıklı olabilmesi, toksinlerden arınması ve büyük zararı olan kandidayı yenebilmesinin yolu elbette sağlıklı beslenmekten geçiyor.

Enzim Nedir?

Enzimler, besinlerin sindiriminde görev alırlar. "Yaşam gücü" ya da "besinlerin enerjisi" olarak adlandırılırlar. Sözlük anlamı mide salgısı gibi yaşayan hücrelerden meydana gelen ve sindirimdeki katalitik etkide olduğu gibi belirli kimyasal değişimleri yapmak için uygun çeşitli karışık organik maddeler demektir.

Enzimler, hem yiyeceklerin sindirimi hem de emiliminde önemlidirler. Enzimi olmayan yiyecekleri tükettiğinde, vücudun o yiyecekten elde etmesi gereken verimi alamaz. Bu durum vücutta zehirlenme yaratır.

Dünyanın en bilinen ve en deneyimli aktif araştırmacılarından Viktorus Kulvinskas'ın, mide asidinin besin enzimlerini çok az deaktive ettiği ile ilgili birçok açıklaması bulunuyor. Sonra enzimler, daha alkalin olan küçük bağırsakta reaktive oluyor. Çiğ besin tüketenler çoğunlukla enerji, sindirim ve vücut sistemindeki iletim konusunda çok daha sağlıklı bir değişim yaşıyorlar. Fazla mide asidi salgılamayı gerektiren pişmiş proteinleri tüketmeyi bıraktığımızda midemiz artık bu asidi salgılamayı azaltır. Çiğ besin tüketen ve düşük protein beslenme programı uygulayan birçok kişide mide asidi üretimi azalmıştır, sonuç olarak enerji üretimi de artmıştır.

Yüksek titreşimli yiyecekleri tercih etmek kadar yiyeceklerin titreşimini yükseltmek de önemli.

Eskilerin ne güzel âdetleri vardı ama değil mi? Yemek masasına oturulduğunda her nimet için dua edilirdi. Masamıza gelen her şeye, hayat zincirinde bizi besleyerek onurlandırmayı seçtikleri için şükranlarımızı sunmayı unutmamalıyız.

Bedensel Arınma

Bedeninin içinde biriken zararlı maddeler de titreşiminin üzerinde etkili... Bu anlamda toksinlerin titreşimimizi düşürmesini istemiyorsak bedenimizi arındırmaya başlayabiliriz.

Detoks: Vücudumuz bizi toksinlerden korumak için mükemmel bir çalışma sergiler. Akciğerlerimiz, karbondioksiti ve havadaki zararlı maddeleri dışarı atar. Cildimiz çevredeki toksinleri, kendi üzerinde bloke eder. Karaciğerimiz, böbreğimiz, bağırsaklarımız, lenf ve dolaşım sistemlerimiz vücudumuzdaki zararlı maddeleri elemek ve dışarı atmakla görevlidirler. Ne var ki hava kirliliği, kötü beslenme, sigara ve içki gibi kötü alışkanlıklarımız yüzünden vücudumuz bazen görevini yeterince yerine getiremez. İşte "detoks" yani "bedeni toksinlerden arındırmak için sistematik tedavi" tam da bu noktada devreye girer. Detoks ülkemizde sadece birtakım meyve sularının içilmesinden ibaret bir sistem gibi algılanıyor. Aslında detoks kendini yorgun, depresif, tat duyunu kaybetmiş, cansız ve amaçsız hissettiğinde yapacağın bir işlemdir. Sebze suları, hafif yemekler, meditasyon, hafif egzersizler, yoga-nefes çalışmaları detoks sürecinde yapılır tabii ki.

Profesyonelce yapılan detokslarda, sağlık uzmanları gözetiminde bağırsak temizliği de işe dahil olur. Detoks vücudu temizlemek olduğu kadar zihni de temizlemek olduğundan, detoks zamanlarında ağır, stresli işler yapılmaması, yoğun telefon trafiğinden uzak durulması, mümkünse doğada vakit geçirilmesi, her anlamda arınmayı sağlayacaktır kanısındayım.

Detoksu kendi başına uygulamadan önce mutlaka o anki sağlık durumundan emin olmanı tavsiye ederim. Değerlerin normalse detoks programına başlayabilirsin demektir. Detoks disiplin gerektiren bir işlemdir. Her anlamda kendini hazır hissettiğinde yapmanı öneririm.

Detoksun en önemli etkisi vücudun tüm organlarını, özellikle cildi, solunum sistemini etkilemesidir. Her sabah yapacağımız günlük arınma rutinimizin en önemlisi burnumuzun temizlenmesi.

Burun temizliği: Burun boşluklarımızın temizlenmesi, mukusun giderilmesi çok önemli. Benim bu işlem için kullandığım pompalı bir şişem var. 200 ml iyi suyun içine 1 çay kaşığı Himalaya veya deniz tuzu çözeltisi ekliyorum. Burnumun bir deliğinden suyu püskürtürken başımı öne eğerek suyun diğer taraftan çıkmasını sağlıyorum. Bu işlemi yaparken burnumu da sümkürüyorum. Sonrasında diğer burun deliğine de su verip aynı işlemi tekrarlıyorum. Sümkürme sayesinde su dışarı itildiğinde geniz ve arka boşluklar da gayet iyi temizlenir. Burun içindeki maddeler yumuşayan suyla daha kolay çıkar ve nefes de açılır. Detoks sürecinde değilsen bile burun temizliğini her sabah uygulayabilirsin. Burun arkası ve geniz bölümünün hijyeni seni viral hastalıklardan koruyacaktır.

Dil temizliği: Dilimizin üstünde uykudayken gece boyunca birikmiş olan toksinleri sabah mutlaka sıyırarak temizlememiz gerekir. Bu işlem için bir dil sıyıracı kullanmak çok etkili olacaktır. Eğer sıyıracın yoksa bir çorba kaşığının kenarları da aynı işlevi görür. Bu işlemi de sadece detoks sırasında değil, her sabah banyo rutininin içine yerleştirmeyi tercih edebilirsin, çok faydalı olacaktır.

Vücut fırçalama: Gerçek hayvan kılından yapılmış yumuşak bir fırça ile ayaklarından yukarıya kalbine doğru, kollarından yukarı göğsüne doğru hafif hareketlerle bedenini fırçalayabilirsin. Detoks rutininde sabah burun ve dil temizliğinle beraber vücut fırçalama işlemini de yapabilirsin. Sabahları vücut fırçalaması yaptığında kan dolaşımın hızlanacak, cildin pembeleşecek, ölü derilerden kurtulacaksın.

Zihnini Organize Et

Olumlama

"Yoksa mesele doğru soruyu sormak mı?"

Bedensel temizliğin sadece bedenini kapsamadığını zihinsel temizlik gerektiğini de belirtmeliyim. Detoks sadece bedenin arındırılması değildir. Zihnimizi de temiz tutmalı, temizlemeli ve kuvvetlendirmeliyiz. Detoks sonuçta fiziksel alışkanlıklarını kırmak için kendine meydan okuduğun, sınırlarını zorladığın bilinçli bir eylem. Vücudun ve zihnin konfor alanından çıkmak istemediği için sana oyunlar kuracaktır. Dolayısıyla bu süreçte zihnini de olumlamalarla güçlü kılmalısın. Yeni ve daha iyi bir sen olmak için bu oyunlara karşı güçlü durmalısın.

Daha önce olumlamaları hiç kullandın mı bilmiyorum. Olumlama, hayatımın her döneminde çok kullandığım ve bana çok faydası olan zihinsel bir programlama metodu aslında. Şimdi muhtemelen olumlama sözünden bile sıkıldığını, sana hiçbir faydası olmadığını söyleyeceksindir.

Aslında sistemde hiçbir sorun yok. Sana göre olumlamalar sistemin bir işe yaramadığını gösteriyor olabilir ama bana göre sorun olumlamanın uygun şekilde kullanılmamasından kaynaklanıyor.

Nedeni basit, bilinçaltın eğer farkındalığın yoksa senden güçlüdür. Sana yabancı gelen bir cümleyi tüm gün boyunca sürekli tekrarlamak, zihninde kuşku uyandırır. Bilinçaltın her söylediğini reddeder.

"İnsanlar anlam yapıcıdır" der antropologlar. Başka bir deyişle insanlar dünyayı ve kendilerini anlamak için sürekli sorular sorarlar. Araştırmalar insan beyninin sürekli soru sorma ve cevap alma durumunda olduğunu göstermiştir. Sorular cevap aramaktan çok bizim düşünce kalıplarımızı negatiften pozitife dönüştürürler.

Olumlama bir mantra gibi bir cümleyi sürekli tekrarlayarak zihni meşgul etmek değildir. Hayal ettiğin sahneyi görsel olarak pekiştirmektir. Bilgiyi onaylatmaktır. Beynimizin yarattığı frekansların nelere kadir olduğunu bu kitapta okudun, düşüncendeki eylemlerini değiştirerek, zihinsel olumlama ile bilinçaltına olumlu kodlamalar yaparak düşüncenin frekansını değiştirebilirsin.

Mesela, her sabah başlayacağın gün için zihnine olumlu bir kod ver. Sahip olduğun üç şeye şükranlarını iletmekle işe başla. Sağlığından evladına, yaşadığın hayattan sevgiline, arabandan yaşadığın ülkeye kadar her konuda her şey için şükredebilirsin. Şükran duygusu bence frekansı en yüksek duygulardan biridir. Aracına en iyi yakıtı almak gibi...

Her sabah güne, ayna karşısında kendime bakarak yaşadığım hayata, bedenime, dünyama şükranlarımı sunarak başlıyorum. Gideceğin iş görüşmesinin nasıl geçeceğini hayal et, gün içinde gerçekleşmesini istediğin konuşmaları, işleri hayal et. Zihnini olumlu şekilde programladıkça hayatındaki insanların ve hayatının nasıl da muhteşem bir hale dönüşeceğini göreceksin. Ancak bırakmak yok. Şu an olduğum noktadan ve yaptığım tüm çalışmalardan sonra sana şunu rahatlıkla söyleyebilirim:

İşe yarıyor...

"İlim ilim bilmektir
İlim kendin bilmektir
Sen kendini bilmezsen
Ya nice okumaktır...

Okumaktan murat ne
Kişi Hakk'ı bilmektir
Çün okudun bilmezsin
Ha bir kuru ekmektir..."

Yunus Emre

Su Gibi Aziz Ol

Vücudumuzun yüzde 60'tan fazlası su...

Su, canlı yaşam için hayati bir sıvı...

Susuzluk sinir sistemi, kaslar, organlar üzerinde ciddi hasara yol açarak ölüme neden oluyor.

Suyun fiziksel boyutu dışında başka şeyler duymaya hazır mısın?

Dünyadaki bazı önemli keşiflerin, tesadüfler sayesinde gerçekleştiğini biliyoruz. Bunlardan en önemlileri de suyla ilgili... Suyun aslında basit kimyasal yapısı dışında, pek çok üstün özelliğinin olduğu da malum...

Suyun titreşimlere duyarlı bir kayıt mekanizması var mesela. Öncelikle Dr. Jacques Benveniste'den bahsetmek isterim. Benveniste, yaptığı araştırmalarda DNA hücrelerinin belli bir frekansta foton (ışık) yaydığını, farklı hücrelerin farklı frekansta titreştiğini, farklı titreşimdeki iki hücre yan yana geldiğinde

yeni bir frekans oluşturduklarını ve birlikte bu frekansta titreş-
meye başladıklarını, elektromanyetik dalgalarla bir çağlayan
yaratıp ışık hızında yolculuk ettiklerini keşfeden Fransız asıllı
bir bilim kahramanı...

1980'lerde başlattığı çalışmalarında suyla ilerlemiş ve suyun
hafızası olduğunu keşfetmiş.

Homeopati prensiplerini de kullanan Benveniste, suya ya-
bancı bir madde eklemiş, sonra suyu tam 1 milyon kez seyrelt-
miş, sulandırmış ve özel bir aletle aşırı hızda karıştırırsa sudaki
yabancı maddenin yok olacağını planlamış. Ama yabancı mad-
de hâlâ suda mevcutmuş. Deneyine suyu milyonlarca kez daha
seyrelterek devam etse de, işin en başında suya eklediği yabancı
maddenin yok olmadığını tespit etmiş. Yani su kendine yükle-
nen bu maddeyi bir şekilde hafızaya kaydetmiş. Bunun üzerine
Benveniste bir başka deneyinde suya zehir eklemek yerine sadece
zehrin frekansını yüklemiş. Sonuç ne olmuş biliyor musun? Su,
sanki içinde gerçekten zehir varmış gibi içine koyulan sinekleri
öldürmüş. Bu ne muhteşem bir bilgi değil mi? Bu sadece görsel
boyutta değil, moleküler anlamda da gerçekleşen bir mucize...

Vücudumuzun yüzde 60'ı sudan oluşuyor demiştik, dolayı-
sıyla frekansını yükseltmek için yapacağın çalışmalarda özellik-
le yüksek frekanslı su içmeni önereceğim sana.

İçtiğimiz suyun kalitesine geliyoruz şimdi.

İçtiğimiz suyu sadece mineral yapısına ve pH yapısına göre
değil, içerisindeki yaşam gücü enerjisine göre de değerlendir-
mek gerekir. Suyun canlılığı ya da yaşam gücü enerjisinin varlığı
da keşfedilmiş. Elbette, tüm gezegenimiz için en önemli madde-
lerden biri olan su üzerine on binlerce araştırma var. Bunlardan
biri de suyun biyolojik kalitesi. Bu ölçü birimi Fransız Andre
Bovis tarafından geliştirilmiştir ve Bovis ölçü birimi olarak ad-
landırılmıştır. Bu birime göre insanların sağlıklı kalabilmesi

için tüketilen gıdanın, Bovis değerinin 6500'den yüksek olması gerekir. Taze toplanmış sebzelerin 8 bin ile 10 bin arasında Bovis değerleri vardır, ancak market raflarında bekledikten ve pişirildikten sonra bazı durumlarda enerji değerleri 200'e kadar düşebiliyor. Suyun taze kaynak suyu olmasını artık beklemiyoruz elbette. Kaynaktan dolum yapılan taze sularımız yok artık, BPA'lı damacanalarla şişeleniyor, belki günlerce sıcak ortamda ya da güneş altında bekletiliyor ve elimize ulaşıyor.

Suyun frekansı nasıl yükseltilir?

Çeşme suları, şişelenmiş sular elbette gerek biyolojik yapısı gerekse frekansı açısından çok düşük titreşimlidir, hatta zararlıdır.

Bu sebeple ben, en iyi suyu bulacağım diye bir süre değişik ürüne, sisteme paraları döktükten sonra, farklı farklı su markaları deneyip, her metodu denedim. Cam sürahilere kaynak suları koydum ve sürahilerimin altına bir yaşam çiçeği formu, içine de temizlenmiş quartz kristalleri yerleştirdim. Şimdi hem moleküler yapısı ile en besleyici suyu içiyorum, hem de titreşimini yükseltiyorum. Yaşam çiçeği formunu kolye ucu ya da bardak altlığı olarak satın alıp kullanabilirsin.

Yaşam Çiçeği

Benim için çok özel anlamı olan yaşam çiçeğinden de bahsetmek isterim. Dünyanın en eski uygarlıkları, tapınaklarında, mumyalarında, kitaplarında, lahitlerinde, yazıtlarında pek çok sembol kullanmışlardır.

Günümüzde kullanım amacı tam olarak çözülememiş sembollerden biri yaşam çiçeğidir. Bir tapınak süslemesi mi, moda bir sembol mü olduğuna bir türlü karar verilememiştir.

Yaşam çiçeğine geçmeden evvel, öncelikle evrenin kutsal geometrisinden bahsetmek isterim. Yaşamdaki her şeyde kutsal geometri bulunmaktadır. Sayıların kareköklerini bulmak, antik matematikçiler için önemli bir konuydu. Ama bir sayının karekökü sayısal olarak hesaplanamıyorsa, geometrik olarak ortaya çıkarılabilirdi. Böylece geometri insan bilincinin üst düzeylerine bir giriş kapısıydı. Kutsal sanat ve mimaride önemli hale gelmesinin de nedeni budur. Eski dönemlerde tanrısallığı ifade etmek için kullanılan sanat ve mimari yapılarında orantıların kökenine indiğimizde, dini binalarda ve kutsal biçimlerde bulunan gizli geometriyi tanımlayacak en iyi yol olarak kutsal geometri kavramıyla karşılaşırız. Doğanın kutsal mimarisine baktığımızda her şeyin muhteşem bir geometrisi olduğunu görürüz. Bu geometri çok estetiktir, oranlıdır, dengelidir, ritmik ve uyumludur. Bunu sayısız uygarlık, günümüzde ise bilim dünyası çözmüştür. Kutsal geometri, evrenin bilgisini yansıtmak için kullanılan bir iletişim aracıdır. Aslında her şeyin dilidir. Evren matematik ve kodlardan oluşan bir sistem ise, elbette bizim de matematiksel bir kod içerisinde yer almamız mantıklıdır. Bu nedenle yaratılmış varlık, belirli geometrik yapıya uygun donanmıştır. Bedenimizde saklı ve açık yapılarda; epitel dokularda, DNA'da, saç telinde...

Doğada; bir örümcek ağında, bir arı peteğinde, bitki taçyapraklarında, ağacın gövdesinde bile bu matematiksel manevi özün gizemi yatar.

Botaniğe de bakalım mesela. Büyük bir enerji kaynağı olan güneşten ve yağmurdan beslenen bitkilerde hiçbir yaprak, alttakini kapatmayacak şekilde dizilmiştir, enerji eşit paylaşılabilsin diye.

Galaksileri oluşturan gezegenlerin sıralanışındaki geometriye bakarken de bunu hissetmiyor musun?

*"Bizler sonsuzluğa; kutsal olanın gerçek
anlamını kavradığımız ve özümsediğimiz
kadar yaklaşırız."*

Evrendeki her şeyin, matematiksel olarak belli bir geometrik plana göre yaratılmış olduğu, antik dönemlerden bu yana kabul gören bir bilgidir. Sümerler, Maya, Aztek, İnka, Çin, Mısır gibi çok eski uygarlıkların kutsal yapıları, bu geometriyle inşa edilirken, altıgenler, beşgenler, üçgenler içerisine yerleştirilmiştir. Kullandıkları heykellerde de, tapınaklarının duvarlarında da bu sembolleri kullanmışlardır. İş bununla da bitmiyor, doğadaki pek çok formda da geometriyi görüyoruz. Bitkilerin yapraklarında, çiçeklerde, deniz canlılarında ve kabuklularda da şekil değiştirmeden büyüyen logaritmik spiraller, odacıklı biçimler düzenin matematiksel iddialarına yanıt verir. Kutsal formlar; sinüs, dalga, küre, kesecik, simit, spiral, tesseract (4 boyutlu küp) yıldız gibi...

Modern mimar ve matematikçiler bu konuya eğilerek ikiboyutlu formların üçboyutlu hallerini yeniden tasarlama yoluna gitmişlerdir. Bunlardan bir tanesi de Amerikalı felsefeci, mühendis, mimar, şair, yazar ve mucit Richard Buckminster Fuller'dir.

Fuller, hayatının tamamında insanlığın Dünya gezegeninde daha uzun ve başarılı yaşama şansının olup olmadığını ve varsa nasıl olacağını anlamaya çalışan bir dehadır. Fuller'in keşiflerinden biri olan, Vector equilibrium isimli çok yönlü geometrik form incelendiğinde, bu formun aslında yaşam çiçeği formu olduğu, Anadolu'da, Sümerlerde Çin ve Mısır'da da kullanıldığı anlaşılıyor. Başka bir bilim insanı grubu da konuyla ilgili çalışmalarını Resonance Academy kurumunun çatısı altında devam ettiriyorlar. Benim de takip ettiğim bu fizikçilerden oluşan grup, halihazırda bu formlar üzerinden frekans artırmak üzerine araştırmalar ve çalışmalar yapıyorlar.

Bu grubun çalışmalarını ben de yakından takip ediyorum, sen de eğitimlerine katılmak, takip etmek istersen https://academy.resonance.is adresinden bakabilirsin.

Fuller, mimaride bir mekânı en az gereçle örtme olanağı sağlayan "jeodezik kubbe"yi de tasarlayan kişidir.

Fuller'in Kanada'da Dyson için yaptığı Science World binasını görüyorsun. Şekil tanıdık geldi mi?

Yaşam çiçeği 　　　　　*Döllenen bir insan embriyosu*

İnsan DNA'sı ve RNA'sı büyütüldüğünde aynı holografik modeli görebiliriz. Bizim hücrelerimizdeki en küçük atomik parçacığın modeli budur. Bu yüzden titreşimimizi yükseltmek için kullanacağımız en kuvvetli sembollerden biri yaşam çiçeğidir.

Geometrinin kutsal imgesi metatrona "yaşam çiçeği" denmesinin sebebi, içinde tüm yaratılışı barındırmasıdır. Yaşam çiçeği sembolü, en dış çember dahil, iç içe geçmiş 20 çemberden oluşur ve her şeyin sırrını içinde sakladığına inanılır, bu şekle çiçek denilmesinin nedeni, sadece çiçeğe benzemesinden dolayı değil, tıpkı bir meyvenin tüm evreleri gibi, insanın da bir tohumdan gelişen varlık olduğunu sembolize eden yaşamsal dönüşüm aracı olduğunu sembolize etmesinden dolayıdır.

Yaşam çiçeği, barındırdığı element ve şekillerle tüm varoluşu içinde barındıran ve inşa edendir. Bütün evren bu kutsal küreden doğmuştur. Başlama noktası merkezdeki ilk daireden çıkan, doğadaki altın oranı temsil eden bir sembol olan yaşam çiçeği aslında evrende var olan Fibonacci dizisi dediğimiz matematiksel sistemin evrendeki karşılığıdır ve en kuvvetli sembollerdendir. Fibonacci dizisi, her sayının kendinden öncekiyle toplanması sonucu oluşan bir sayı dizisidir. Bu dizide sayılar birbirleriyle oranlandığında altın oran ortaya çıkar, yani bir sayı kendisinden önceki sayıya bölündüğünde altın orana gittikçe yaklaşan başka bir dizi elde edilir.

Fibonacci sayı dizisindeki sayıların birbirleriyle oranı olan ve altın oran denilen 1,618 sayısı doğada, sanatta ve hayatın her alanında görülen ve estetikle bağdaştırılan bir sayıdır. Yaşam çiçeği formu ikiboyutlu algıda bir çember gibi algılansa da üç boyutta bir küredir. Hatta sadece üçboyutlu değil, çok boyutlu olarak da düşünülmelidir. Torus kafesinde, Fuller'in Vector equilibrium'unda ya da metatron küpünde 3 boyuttan 2 boyuta indirgeyerek açtığımızda "yaşam çiçeği" formuna ulaşırız. Yani bu kuvvetli sembolün dünyaya indirilmiş hali diyebiliriz. Bu form yaşamın özüdür. Evrenin, dünyadaki yaşamın tüm kodlarını yaşam çiçeği formu içinde barındırır.

"Her şey bu modelle oluşturulur, yaratılışın sırrını ve bilgisini içeren bu geometrik şekil, ilahi sanatın bilgisidir. Gerçekliğin doğası gerçek doğada zaten vardır. Bu yüzden ona gerçekliğin doğası diyoruz!"

Yaşam çiçeği formu   Hindistan'da bir tapınaktan   Türkiye'de Manisa Müzesi'nde bir yer kaplaması

Fuller'in Vector equilibrium'u   Fuller'in Disney Binası   Vector equilibrium çok yönlü çizimi

Bu anlamda yaşam çiçeği, geometrik olarak metatron küpüdür ve evrendeki ateş, su, metal, toprak ve ağaç olarak simgelenen

5 elementi de kapsar. Resimlerde gördüğün şekiller kürenin farklı yorumlarıdır. Ancak tüm geometrik küpler, sonunda Fi sarmalına, yani Yaşam Çiçeği'ne ulaşırlar. İşin matematiksel ve fiziksel boyutu dışında bu formlar boyutu ne olursa olsun, frekansımızın üzerinde önemli bir etkiye sahiptir. Yükseltici, yoğuşturucu yani yoğunlaştırarak konsantre edicidir.

Eski Mısır, Hermetik bilgiler dediğimiz bu bilgileri korur. Üçboyutlu olan heksagramın iki boyuta indirgenmiş hallerine örnek verecek olursam, heksagram aslında mikro evreni gösteren Mandalalarda, Hinduizm ve Budizm'de meditasyon nesnesi olarak mantralarda, Kabala ağacında, Davud yıldızı olarak Judaism'de, Hindu geleneklerinde ise Siri Yantra Mandala olarak karşımıza her yerde çıkar.

Yaşam çiçeği formunu kolye ucu olarak taşıyabilirsin. Evinde orgonit ürünlerde, bardak ve sürahi altığı olarak suyunun frekansını yükseltmek için kullanabilirsin. Bilgisayarında ve telefonunda ekran resmi yapabilirsin. Bu türden kullanışlı ürünlere ulaşmak istersen kitabın arka bölümündeki faydalı adreslere göz atabilirsin.

Titreşim Tıbbı

Vücudumuz, ihtiyaç duyduğu enerjiyi kendisi üretir. Evet trilyonlarca hücre, canlılığını sürdürmek için elektrik üretir ve kullanır. Her bir hücre vücudun çalışmasını sağlayan küçük birer pil gibidir.

Hücrenin çevresi potasyum, iç kısmı ise sodyum sıvısıyla doludur. Sodyum ve potasyumu karıştırdığında iki mineral birbiriyle etkileşime girer ve bir çeşit akım oluşur. Bu reaksiyonun sonucunda yan ürün olarak elektrik açığa çıkar. Tıpkı bir arabanın aküsünün sülfürik asit ve kurşun karıştırıldığında elektrik akımı üretmesi gibi...

Radyolar, kasetçalarlar, el fenerleri, saatler... Cihazlar nasıl ki pillerden aldıkları enerjiyle çalışıyorlarsa, arabalar da akülerdeki enerji olmadan çalışmaz. Çünkü piller ve aküler kimyasal enerjiden yararlanarak küçük elektrik akımları üretirler. Vücudun kullandığı elektrik ise "biyoelektrik" kavramıyla ifade edilir.

Bunu ilk öğrendiğimde iki gün kendime gelemedim. Vücudumuzun muhteşemliğini, nasıl bir sistem olduğunu anlamak ve anlatmak ne kadar önemli. Vücudumuzun biyoelektriği, iyon adı verilen negatif ve pozitif yüklü parçacıkların hücresel değiştokuşudur. Örneğin potasyum bir hücre zarından dışarı serbest bırakıldığında ve onun yerine hücre içine sodyum alındığında küçük bir elektrik akımı meydana gelir. Akım geçtiğinde potasyum hücrenin içerisine ve sodyum da dışına gönderilir.

Sağlık ve beslenme uzmanı Dr. Lendon Smith'in açıklamasına göre: "Bu şekilde hücreler kendi elektromanyetik akımlarıyla küçük piller gibi çalışırlar."

Bir hücrenin dışındaki yükle içerisindeki yük arasındaki fark yaklaşık 50 milivolttur. Washington Eyalet Üniversitesi farmakoloğu Prof. Steven M. Simasko vücut elektriği ile, 40 watt'lık bir elektrik ampulünü aydınlatabileceğimizi deneyleri ile ispatlamıştır. Tüm eski ikonalardaki yükselmiş varlıkların, meleklerin üstünde resmedilen ışık, başların üzerindeki nur haresi, aura ve bedenlerden yükselen Chi sakın bu olmasın? Ya da "karizma" diyerek tarif ettiğimiz ve sadece bazılarında gördüğümüz ışığa çekilmemiz de aynı şey olabilir mi?

Başka bir önemli konu da bazı hücrelerin diğerlerinden daha fazla elektrik üretmesi. Örneğin sinir hücreleri ve kalp hücreleri çok fazla elektrik üretirler ve sinir hücrelerinin, mesajlarını uzak mesafelere iletmeleri gerekir. Bu yüzden hem kendileri için hem de mesajları iletmek için daha fazla enerjiye ihtiyaç duyarlar.

Peki, kalp hücreleri neden daha fazla elektrik üretiyor?

Tüm vücudumuza kan pompalama görevi dışında kalbin başka işlevleri de olduğu için olabilir mi sence?

Durup düşünmeli...

Dünyadaki en yüksek titreşimin sevgi olduğunu söylüyor ya bütün eski ve kadim kaynaklar, korkunun düşük frekansının hâkim olduğu şu dünyada kalplerden yayılan sevgi enerjisini aktive edebilseydik nasıl bir dünyamız olurdu? Yayılabilir miydi sevgi?

Tabii ki.

Önce titreşimimizi düzenlemeliyiz bunun için.

Peki ama nasıl?

Titreşim tıbbından ülkemizde de bahsedildiğini duymak beni çok mutlu ediyor. Bu anlamda çalışmalarına değer verdiğim sevgili dostum Haktan Akdoğan'ın Türkiye'ye getirdiği Eductor ve SCIO adlı çok başarılı biofeedback cihazları sayesinde hastalıklara şifa bulunabilir. Türkiye'de farklı farklı merkezlerde biofeedback cihazlarıyla, titreşim tıbbı tedavileriyle pek çok rahatsızlık ve dengesizlik düzeltilebiliyor.

Titreşim tıbbı nasıl keşfedildi?

Royal Raymond Rife 1920'li yıllarda titreşim tıbbının temellerini attı. Rife, virüsleri canlı olarak gözlemleyebilen ilk bilimadamı. Kendi geliştirdiği mikroskopla ve polarize bir ışıkla gözlemlerini yapmaya başladı ve bir gün gözlemlediği virüsün aniden parçalanarak öldüğünü fark etti. Bunun nedenini araştırdığında, kullandığı polarize ışığın frekansı ile virüsün yaşam frekansının tuttuğunu saptadı. Daha sonra virüs, bakteri, mantar ve benzeri patojenlerin öldüğü frekansları bulmaya başladı.

Kanseri "BX virüsü" olarak tanımladı ve o dönem dünyada büyük ilgi uyandırdı, gazetelerde manşetlerde yer aldı. Tabii ilgi artınca çalışmalarını hızlandırdı, başka bilimadamlarının da katkılarıyla Kaliforniya Pasadena'da bir klinik kurdu. 16 kanserli hastanın 14'ü tamamen iyileşti.

Sonra ne mi oldu?

Dönemin büyük ilaç kartelleri Rife'ın çalışmalarını engelledi. Fakat, bu çalışma bilimadamları açısından hep merak konusu oldu ve el altından araştırmalara devam edildi. Böylece zaman içinde Rife jeneratörleri ve biyorezonans cihazları gibi çeşitli cihazlar ortaya çıktı.

Manyetik titreşim

Manyetik titreşim, doku ve organlara içindeki DNA düzeyinde etki ederek, sinir sistemi, kalp-damar sistemi, kemik, sindirim gibi akut veya kronik rahatsızlıkları daha çok erken safhasında saptayabilmektedir. Manyetik titreşimle bedenin genel iyilik durumu ve olası riskleri, kişinin genetik yatkınlığına göre tespit edilmektedir.

Manyetik titreşim ve bitkisel terapi, alopatik tıp terapisi gibi diğer terapi yöntemleri ile birlikte yapılabilmektedir. Kullanılan kimyasal ilaçların yan etkilerini azaltması büyük bir avantaj sağlamaktadır.

Bir titreşim tıbbı cihazına bağlandığında, homeopatiden farmakolojiye, NLP'den, elektro-akupunktura Batı ile Doğu tıbbı prensiplerinin ve kuantum fiziğinin harmanlandığı, Doğu ile Batı'nın felsefe ve şifa tekniklerini birleştirmiş bir sistemle şifa alırsın. Temel prensip şudur:

Bütünsel şifa yaklaşımına göre tüm fiziksel ve ruhsal dengesizlikler önce kişinin enerji sisteminde başlar. Vücudumuzdaki her bir organ kendi enerjisiyle titreşir. Bu titreşim enerjisi duygular, travmalar gibi zihinsel ve ruhsal etmenlerin yanı sıra, fiziksel boyutta toksinler, mikroorganizmalar sonucu bozulduğunda organ fonksiyonlarını kaybetmeye başlar. Titreşim veya enerji-terapi, hücresel düzeyde her organın kendi titreşim frekanslarını düzene koyarak çalışır ve böylece organ dengelenmeye, yenilenmeye ve iyileşmeye başlar.

Biofeedback sistemleri çeşit çeşit, bazıları daha komplike ve gelişmiş. İşte bunlardan biri Prof. Dr. William Bill Nelson'ın uzun yıllar üzerinde çalışarak tasarlayıp geliştirdiği SCIO sistemi. Biofeedback (biyolojik geribildirim) ve biyorezonansı bir araya getiren SCIO sistemi, bedenin kendini iyileştirme kapasitesini uyararak tamamen doğal yöntemlerle harekete geçirir. SCIO'nun çalıştığı biofeedback prensibi, fizyolojik cevabın ölçümü ve bunun kişiye geri verilmesi esasına dayanır. Organlardan gelen enerjik yanıt, olması gereken enerjisel frekansa ulaşıncaya kadar, sistem özgün frekansı ile organları beslemeye devam edecektir. Vücudumuzun birçok bölgesi terapi sonrasında doğal frekansında titreştiği zaman, kendini iyileştirmek için daha yüksek enerjisel frekansa sahip olur. Basit değil mi? Anlattığım şeyler sana bilimkurgu filmi gibi mi geliyor? Hayır...

Sözünü ettiğim bu cihaza kendim de girdim, tüm tanıdıklarımı da soktum. İşe yarıyor.

Yüksek titreşimli duygular

Memeli bir canlının ilk döllendiği halden itibaren, beyin oluşumundan önce kalbi atıyor. Kalp, insanın madde bedendeki başlangıç noktası. Kalp, fiziksel boyutta bedene sadece kan pompalayan bir organ gibi görünse de, bunun çok ötesinde fonsiyonel bir "beyin" tarzında işlem gören, karmaşık bir sisteme sahip...

Yeni bir tıp disiplini olan nörokardiyoloji bilimi, işte tam da bu konuya eğilir. Yani kalbi aslında mekanik bir motor faaliyete sahip bir organ olarak değil, bilakis, duyusal bir organ olarak ele alır. Nörobilimciler, kalpte sadece 40.000 sinir hücresi (nöron) olduğunu ve kalbin bağımsız bir sinir sistemine sahip olmasından dolayı bu yapıyı "kalpteki beyin" olarak adlandırıyorlar. Buna ek olarak, kalp elektromanyetik alanı, beynin elektromanyetik alanından 5 bin kat geniştir ve bu alan manyetometre ile fiziksel-madde beden boyundan 10 fit daha fazla uzunlukta diye tarif edilebilir.

Araştırmalar, kalbin bilgiyi alan ve işleyen çok gelişmiş bir organ, daha önemlisi duyusal bir merkez olduğunu göstermektedir. Kalbin içindeki sinir sistemi, nörokardiyolojik ismiyle kalp beyni, beyindeki öğrenme merkezlerinden, serebral korteksten bağımsız öğrenme, hatırlama, işlevsel kararlar alabilme fonksiyonlarına sahiptir.

Kalbimizin algı, idrak, duygusal işlem gibi üst beyin merkezlerini etkileyen sinyalleri de yine beyne sürekli olarak yolladığı pek çok deneyle ispatlanmıştır.

Nasıl?

Buraya kadar kalbine bakış açın değişti mi?

Edebiyattan sanata, duygulara kadar her şeyin merkezine kalbin konuyor olması, bana göre bu alanlardaki en etkileyici sembollerden birinin yine kalp olması tesadüf olmasa gerek.

Kalbin enerji alanının, beynin enerji alanından daha geniş olması, kalpten beyne iletilen duygu ve bilgilerin, beyin fonksiyonları üzerinde çok büyük etkilere sahiptir. Bu duygular, yüksek sezgi, mutluluk, haz, bolluk ve refah bilinci gibi duygulardır. Kalp-beyin arası dengeli ve uyumlu bilgi iletişimi, duygusal boyutta yaşanacak negatif durumları ortadan kaldırır, dinginlik, yaratıcılık ve huzur hali yaratır. Kalple beyin arasındaki güçlü uyum, kişide kalp atışlarıyla-ritmiyle başlar. Kalp, ruhaniyetin, yüksek bilincin ya da ruhsal enerjinin açığa çıkmasına araç olarak kabul edilebiliyor.

Yeni bilgiler göstermektedir ki; kalbin alanı doğrudan "sezgisel" algılamayı içermektedir. Deneysel çalışmalardan elde edilen bulgulara göre, hem beyin hem de kalp gelecekte olacak bir olay gerçekleşmeden önce olayın bilgisini alıp cevap verebilmektedir. Daha da şaşırtıcı olanı, kalp beyinden çok önce bu "sezgisel" bilgiyi algılıyor.

Sezgi, analiz, anlayış beyne ait yeteneklermiş gibi geliyor değil mi? Ancak kalbimizin bu yeteneğine senin de şaşırmadığından eminim. Kalbimizin sezgisel yeteneğini yine bilimsel bir zemine oturtarak açıklamak isterim.

Kalbin beyne göre daha geniş olan elektromanyetik alanı; aslında uzay ve zaman içerisinde, "öte" diyebileceğimiz noktadaki bilgileri kapsayan daha geniş enerji alanıyla girdiği etkileşimle olabilmektedir.

Kalbin beyin ve vücudumuzla kurduğu yoğun nöral iletişim dışında, elektromanyetik etkileşim sayesinde beyinle ve tüm vücutla bilgi aktarımı içerisinde olduğu biliniyor. Kalp, vücudun en güçlü ve geniş kapsamlı elektromanyetik alanını üretir.

Beynin ürettiği elektromanyetik alanla kıyaslandığında kalp beyne göre 60 kat daha geniş kapsama ve her hücreye nüfuz etme özelliğine sahiptir. Kalbin elektromanyetik alanının, tüm vücudun bu alana uyumlu şekilde işlemesine yönelik "bilgi sinyalleri taşıyıcısı" şeklinde faaliyet gösterdiğini düşünmektedir bilim dünyası.

Bu bilgiyi daha dikkatli incelersek, kalp atışının yaydığı enerji dalgaları, kalpten tüm vücuda yayılmakta ve tüm organlarla birlikte diğer yapılarla da etkileşime girmektedir diyebiliriz. Bu dalgalar, tüm vücutta meydana gelen özellikleri ve hareketliliği enerji dalga yapılı kalıplarda kodlar ve kaydederler. Bu yolla kodlanan bilgi, yani kalbin yaydığı dalgaların okuduğu bilgi, bedeni okuyup kodladıktan sonra bedensel faaliyetlere yön vermekte ve bu faaliyetlerin bir bütünlük içinde uyumlu bir şekilde gerçekleşmesini sağlamaktadır.

"Ayşe, şimdi de kardiyolog mu olacağız?" diyerek okumadan geçme bu satırları. Biliyorum ki aslını öğrenirsen konuya gerekli hassasiyeti vereceksin.

Sevginin frekansı

Aşkla beraber salgılanan endorfin ve serotonin hormonlarının etkisiyle bağışıklık sistemimiz güçlenir ve soğuk algınlığından kansere kadar her hastalıkta aşkın hem koruyucu hem iyileştirici etkisini görürüz. Aşkla beraber aynı zamanda dopamin hormonu da salgılanır. Dopamin hormonu halk arasında bağlanma hormonu olarak da bilinir. Dopamin vücuda enerji verir, iştahı azaltır, ilgiyi artırır. Aşkın başlamasıyla birlikte noradrenalin adı verilen salgı artar. Kalbi etkileyen bu salgıyla iştah baskılanır, dolayısıyla kilo verilir.

Yüzünü Batı'ya döndürmüş pek çok toplumbilimci, zihinsel ve yaşamsal farkındalığın sadece beyinde oluştuğunu sanmaktadır. Son zamanlardaki bilimsel araştırmalar göstermektedir ki; bilinç beyin ve vücudun birlikte hareket etmesiyle ortaya çıksa da, kalbin bu süreçteki rolü çok önemlidir. Hiçbir kanıt, etkili tedavi gücünün hayatına kişisel olarak dokunmasından daha inandırıcı olamaz.

Aşkın da frekansı vardır ve değeri 528 Hz'dir. Bu frekans aynı zamanda, yaratıcılığın, müzikal ve matematiksel zekânın da frekansıdır. Saptanan her değerden daha yüksek olan aşk frekansı her şeyin kalbinde durur. Kalbini, özünü, dünyayı ve diğer hayatları bağlar. Bu frekansta DNA'mız yenilenir, hayatımıza mucizeler gelir. Bu frekansta sevgi dolu kucaklaşmalarla kan basıncının düştüğü ve gevşeme hali yaratan oksitosin hormonunun arttığı gözlemlenmiştir.

528 Hz dairelerin geometrisinde, spirallerin geometrisinde önemli bulunmuştur. 528 Hz mucize tondur ve sıra dışı değişiklikler yaratabilir. 528 Hz sağlık ve iyi yaşam için gereken biyoenerjik frekanstır. Bilinci yapılandırmak, güce ve potansiyele ulaşmak için 528 Hz frekansını kullanmanı öneririm. Yapman gereken tek şey Youtube'a 528 Hz yazmak ve bu frekanstaki müziği, arabada, işte, evde ya da yatmadan evvel her an dinlemek, gerçekten işe yarıyor. Nereden mi biliyorum? Tabii ki kendimden...

Bu anlamda fiziksel boyutta şifa sağlayabiliyoruz. Yalnız maddi fiziksel şeylerin değil, duyguların, düşüncelerin, isteklerin, ilişkilerin, filmlerin, kitapların, dokümanların, toplumsal konuların, bireysel bilincimizin ve en önemlisi sevginin de frekansı vardır.

Kalbin yarattığı biyoelektromanyetik alan, kalbin kan sıvısını pompalaması, dairesel dalgalarla gerçekleşir. Bu yüzden kalpten çıkan dağıtıcı damarların içinde, bu dairesel yayılımı organlara doğru yönlendirebilmek için kapakçıklar ve kasılma sistemleri mevcuttur. Nefesin ritmi, kalbin dairesel yayılımı ile senkronize olduğunda, bedenin tümüyle bir ahenk yaratarak, merkezinde kalbin olduğu büyük bir torus kafesi oluşturur.

Torus kafesi nedir?

Tabii ki sana öncelikle torus kafesi veya torus örüntüsünün ne olduğunu anlatmalıyım. Torus kafesinin iki kutbu vardır, aşağıdaki yeryüzü ve yukarıdaki evren...

Torus

Bu şekli seneler önce derin bir meditasyon sırasında görmüş, nasıl anlatacağımı, şekli nasıl çizeceğimi bilememiştim, ancak kendi nefes çalışmalarımda kullanmaya başlamıştım.

Torus kafesi veya evrendeki birincil model, çörek gibi görünen bir enerji dinamiğidir. İçinde bir delik bulunan sürekli bir yüzeydir. Burada enerji bir uçtan, diğer uca akar, merkezin etrafında dolaşır ve diğer taraftan çıkar. Torus kafesinin ortasından geçen girdaba benzer boşluk alanda sıralanan enerji merkezleri vardır. Çakralar, meridyenler olarak kadim uygarlıklarda tanımlanan bu enerji merkezleri bedendeki organlara, salgı bezlerine karşılık gelir. Kadim doğu uygarlıklarına ait şifa sistemlerinde sıkça kullanılan bölgesel bezlerin, fiziksel sağlığı ve dengeyi kuran, her birine karşılık gelen duygu ve farkındalık seviyesi vardır. Duygu durumlarının türü, beden üzerindeki hastalıkların yerini belirler. Bir insanın bedensel, ruhsal, zihinsel, duygusal ve enerjisel seviyesi, Torus kafesinin de şeklini, gücünü ve kalitesini etkiler. Torus kafesi frekansını yükseltmek için kullanacağın en önemli araçlardan biridir. Yeryüzü kutbu, omurganın sonundaki kuyruksokumu ile başlar. Yeryüzü kutbu, jenital bölgeyle anüs arasındaki bölgedir ve yeryüzü yani Gaia enerjisine bağlanılan alandır.

Gökyüzü kutbu ise bedenin tepe noktasıdır, ruhun bedene bu noktadan girip bu noktadan çıktığı ve epifiz bezinin bilincin merkezi olduğu söylenir. Epifiz bezinin büyümesinin 1-2 yaşına kadar devam etmesi de bunu kanıtlar gibi görünüyor.

Torus nefesi yaparak elektromanyetik alanını kuvvetlendirebilir, böylece frekansını yükselterek, yüksek bir rezonansta titreşirsin. Çok kullanılan elektromanyetik alanın ne olduğunu da sana açıkladıktan sonra bu alanı nasıl kullanacağını anlatacağım.

Yin ve Yang'dan bahsetmiştim. Evrende yer alan iki zıt güç. Karşıtlık: dişil ve eril. İşte burada da elektrik erildir, manyetik dişildir. Tam bir bedensel uyumda bu iki kuvvetle birlikte, torus elektromanyetik alanımızı tamamlıyoruz.

Torus enerjisi, sıfır noktasıdır. Torus, dişidir, anaçtır, kadınsıdır. Nefes torusun ortasına kadar içeriye doğru çekerek alınır, annenin rahmi, toprağın merkezi Gaia gibi düşün. Elektriksel olanı yani eril enerjiyi kalbimizden bu alana gönderirken, eril ve dişil, göksel ve yersel olanla birleşiyor, uyumlanıyor, güçleniyor ve yükseltiyor. Biz her nefeste, yeniden yeniden frekansımızı yaratmaya gönderiyoruz.

Torus nefesi yapmak çok kolay, kitabın arka kısmındaki uygulamalar bölümünde bulabilirsin.

"Torusu her yerde görebilirsin. Atomlarda, hücrelerde, tohumlarda, çiçeklerde, ağaçlarda, hayvanlarda, insanlarda, kasırgalarda, gezegenlerde, güneşlerde, galaksilerde ve hatta bir bütün olarak kozmosta."

Kalbinin ve beyninin, yaşamın boyunca sağlıklı olmasını ve seni frekans olarak yükseğe taşıyacak bir araç olmasını ister misin?

Dünyadaki en yüksek titreşimin sevgi olduğunu söylüyor ya bütün eski ve kadim kaynaklar, acaba korkuyla ve şiddetle frekansı sürekli düşürülen günümüz dünyasındaki kalplerden yayılan sevgi enerjisini aktive edebilseydik nasıl bir dünya olurdu düşündün mü hiç? Yayılabilir miydi sevgi? Tabii ki yayılabilirdi. Ancak bunun için önce titreşimimizi düzenlemeliyiz değil mi?

Okumaya devam et derim.

Ruhumuzun Yansıttığını mı, Zihnimizin Yarattığını mı Yaşıyoruz?

Çevremizdeki canlı ve cansız her varlık atomlardan oluşur, yani enerjiden... Artık evrenin ve canlıların kaynağı olan enerjinin, bazı cihazlarla ölçülebildiğini, görüntülenebildiğini biliyoruz artık.

Enerjinin farklı türleri vardır. Isı, ışık, elektrik, manyetik, elektromanyetik, nükleer, kinetik, mekanik, kimyasal ve ses enerjisi gibi pek çok farklı enerji türü sıralayabiliriz. Ancak bu enerjilerin dışında kadim Doğu bilgelikleri, ruhsal şifacılar ve spiritüeller, başka enerji türlerinin ve başka güçlerin de var olduğunu kabul ederler.

Rusların "psikoenerji" dedikleri süptil enerji kaynakları şifanın da kaynağıdır. Çinliler bu güce "Chi" Hintliler "Prana", Şamanlar da "Mana" demiştir. Tarihe baktığımızda bu tarz süptil enerjilerin varlığıyla ilgili metinler karşımıza çıkar. Doğru kanalda olduğunda, enerjiler, bilinç üzerinde de aktif ve etken bir güç yaratırlar. Bedenle olduğu kadar zihinle de etkileşim halindedirler. Bu güçler yaşantımızda çok etkindirler, nasıl kullanacağımızı bildiğimizde sağlığımızı korumak için de faydalanabiliriz.

İzlediysen hatırlayacaksın...

2000'lerin ortalarında hepimizin zihinlerini muhteşem bilgilerle şekillendiren bir film vardı. Kuantum fiziğini gündelik yaşamla anlatarak, yaşamsal gerçekliğimizi sorgulatan bu film, *What the Bleep Do We Know* isimli filmden *Gerçekten Ne Biliyoruz ki* ismiyle Türkçeye çevrilmişti. Bu filmde alanlarında ünlü pek çok fizikçi, nörobilimci, enerji uzmanlarının da katılımıyla, bir insan zihninin ve algısının gerçeğini nasıl oluşturacağı anlatılıyordu.

Kuantum fiziğiyle nörobiyolojiyi bağlayarak gündelik yaşamdan örneklerle, kişilerin düşündükleri şeylerin aslında gerçekliklerini nasıl oluşturduğunu *Alice Harikalar Diyarında* metaforlarıyla anlatan bu film farklı yorumlara yol açmıştı zamanında. Benim için önemli olan ise, artık metafizik, fizik ve hepsinin üstü gizem atfedilen kavramların halka inmiş olmasıydı. Bilim dünyasının da, artık enerji alanları, auralar, 3.

boyut ve ötesi, kuantum fiziğinin ötesi gibi konulara eğilerek bu alanlarda araştırmalar yapması beni çok mutlu ediyor.

Pek çok bilim insanı, astronom, sinirbilimci, fizikçi; fizikötesi kavramlar, evren, dünya geçekliği ve insan üzerine fazlasıyla eğiliyor son yıllarda. Bu kişilerden biri de, kitapları çok okunanlar listesinden inmeyen, pek çok belgeselde konuşmacı olarak karşımıza çıkan madde bilimi ve psikoenerji alanındaki uzmanlığıyla bilinen, Stanford Üniversitesi profesörlerinden Dr. William Tiller...

Profesör Tiller, insanın enerji alanları ve yarattığı güçlerle ilgili olarak yapılan deneyler üzerine yazdığı kitabında, "İnsan zihniyle, enerjinin yükseltebileceği metotlarla, akupunkturla veya bu noktaları uyaran uygulamalarla ayrıca Chi Qong veya Biofeedback cihazlarıyla insan vücudunun enerjisi, titreşimi ve frekansı değişmektedir. Görünen o ki, geleneksel bilimle anlatılamayacak, bildiğimiz her şeyden, tanıdıklarımızdan bütünüyle farklı yeni enerji alanlarıyla tanışıyoruz. Biz Batılılar için ironik olan Çin ve Hint gibi Doğu uygarlıklarının bu sistemleri beş bin senedir bilmeleri ve uygulamalarıdır" diye ifade etmiştir.

Bilinçaltımızın ve derin duygusal belleğimizin fiziksel beyinde olmadığını söylemek isterim. Aslında bilinçaltımızdaki kodlamalar, daha önce de bahsettiğim gibi kalple aynı elektromanyetik alanda tutuluyor. Duygularımız, enerjimizi ve yaydığımız frekansı etkilerken, elektromanyetik dalgalar da duygularımızı etkiler. Bu yüzden elektromanyetik alan etkisini kuvvetlendireceğimiz çalışmalar yaparak, titreşimimizi yükseltebiliriz.

Kullanabileceğimiz metotları Profesör Tiller paylaşmış zaten. Yeri gelmişken ben de paylaşayım:

- Yoga

- Akupunktur

- Tai Chi

- Chi Qong

- Biofeedback tedavisi

Bu Profesör Tiller'in listesiydi. Ben de listeye ayrıca şunları ekleyeyim:

- Kristaller

- Aromaterapi

- Şamanik çalışmalar

- Yaşam çiçeği sembolünün kullanımı

Duanın gücü

Maneviyat bence biz insanoğlunu bu dünyada ayakta tutan en önemli unsur. Hayatın anlamını çözmek, yüce yaratıcı ile bağlantımızın kuvvetli olmasını sağlamak, hepsinden öte onun gücüyle titreşimimizi hep yüksek tutmak çok değerli...

O'nun parçası olduğumuzu her daim kalbimizde tutar, hayatımızı, erdem ve prensiplerimizi yani kendimizi bilerek yaşarsak, işte o zaman dengede oluruz.

Dua etmek de bu yoldaki en önemli araçlardan biri... Hangi dine inanıyorsan inan ya da hiçbir dine inanmıyor da olabilirsin fark etmez, her zaman iyilik için, sevgi için ve barış için dua etmeli. Olmasını istediğimiz maddi şeyler –ki bu beklentilerin arasına sevgili veya eş isteği de giriyor– bunların yanı sıra daha iyi bir dünya için dua etmek bizim için en hayırlısı olacak.

Dinin saflığına ve vermek istediği mesajın sadece kalpten hissedileceğine sadece inanmıyorum bunu biliyorum da. Din, erdem, ahlak ve hoşgörü aslında, iyi insan olma vasıflarını taşımaktır. Dindar olmak demek, belli kuralları ezberden yapmak demek değildir, kuralların nedenlerini anlayarak hayata adapte etmek demektir. Ama ondan önce kuralları doğru anladığımızdan emin olmalı, kuralları aktaran kişilerin safiyetine güvenmeli... Bu sadece senin bilgindir. Bu bize verilen en önemli farktır. O yüzden iyi insan olmak için gereken erdemleri uygulamak adına dini iyi anlamalı. Dua ettiğimizde arınacağız, iyi hisler bizi yükseltecek, çevremizdeki negatif kişilerden, durumlardan ve ortamlardan etkilenmeyeceğiz. Dua etmek, aynı zamanda zihnimizi temizlemenin en iyi yollarından biridir.

Niyet Etmenin Gücü

Niyet etmenin gücünden bahsederken de sana yine beyinden ve beynin işleyişinden bahsedeceğim, kafan karışmasın.

Sinirbilimi üzerine hep çok ilginç araştırmalar duyuyoruz, beynin gizemleri çözüldükçe bize gelen yeni bilgiler eşliğinde yaşamlarımızı yeniden, olmasını istediğimiz şartlarda baştan oluşturabiliyoruz.

Beynimiz nöron denilen sinir hücrelerinden oluşuyor. Bu sinir hücreleri adapte olabilme, öğrenme, gelişme ve taklit edebilme özellikleri gösteriyor. Mesela, insan karşısında gördüğü bir hareketi kendi yapmış gibi düşünüp hayal ettiğinde, beynindeki nöronlar ateşlenip harekete geçiyor, tıpkı ayna gibi karşıyı taklit edip yansıttığı için de ismini buradan alıyor.

Scientific American dergisinde yayımlanan bir sinirbilim araştırmasının sonucu gerçekten çok çarpıcı. Beynimizdeki ayna nöronlarla ilgili yapılan bir çalışmada, gönüllü deneklerden biri yemek yiyor, diğer denekse yemek yemeye niyetleniyor. Deneyin sonunda bu iki kişinin beyin dalgalarının aynı şekilde çalışıldığı ortaya çıkmış. Beynimizdeki ayna nöronların çalışma sistematiği, yemek yeme esnasında beyinde oluşan sinir faaliyetiyle, yemek yeme eylemini düşündüğü anda ortaya çıktığını kanıtlamış. Bu da bize çok önemli bir şeyi ispat ediyor; beyin bir şeye niyet etmekle o şeyin gerçekleştiğini düşünüyor.

Bir şeyi yapacağını zihninde tasarlayıp bunu yapmayı düşünmeye "niyet" diyebiliriz. Olmasını istediğin niyetini özellikle yazmak ve sözle evrene yaymak çok önemli. Bir niyeti belirtirken olmasını istediğin şekilde detaylarıyla söylemelisin.

Ne istiyorsun, nasıl istiyorsun, ne zaman, nerede ve ne kadar istiyorsun?

Pek çok kişi bana, istediği halde niyetlerinin gerçekleşmediğinden yakınır. "İsteklerin olmuyorsa, acaba sen istemeyi bilmiyor olabilir misin?" diye sorarım ben de.

Niyetinin olmaması, önünde onu engelleyen daha baskın bir inanç taşıdığına işaret eder. İzlemen gereken adımlar bellidir.

Niyetinde net olmalısın!

• Biraz dingin kalmak

• Evreni ve mesajlarını dinleyebilmek

• Niyetinin zaten olduğuna inanmak

• Daha yüksek bir gücün halledeceğine yürekten inanmak

• Teslim olmak

• Gelene şükretmek

Niyet nedir?

Niyet ettiğin her ne ise o iş gerçekleşir. Zihnin kodlamayı yapar ve inancın, yani niyetin gerçekleşir. Niyetlerimiz tohumlardır, bahçemizi oluştururlar. Bahçende meyveler, güzel kokulu çiçekler, gölgede sarmaşıklar olsun istiyorsan, kendin ve evren için barış, mutluluk, şifa, iyi niyet ve bolluk düşüncelerini ekmeye şimdiden başlamalısın.

Dünyamız, aklımız tarafından oluşturuluyor. Her birimiz düşüncelerimizi, inançlarımızı ve duygularımızı yüzde yüz kontrol edebildiğimizde, dünyamızın nasıl bir yer olabileceğini hayal et lütfen.

Ben her sabah güne "Bugün yaşayacağım her durumda çözüm, uzlaşma ve ışık benimle olsun. Karşılaştığım her canlıya faydam olsun, iyiliğim dokunsun, her insan varlığımla mutlu olsun" diye niyet ederek başlıyorum. Sen de dile...

Bak gördün mü daha düşünmeye başladığında bile yüzüne nasıl da tatlı bir gülümseme yayıldı. Sen de yapabilirsin... Henüz yaşamadan önce işbirliğini ve barışı önden yollayabilirsin hayata. Eğer hepimiz koşulsuz sevgiye, barışa ve birliğe odaklanabilirsek, dışardaki kaosa rağmen bunu yapabilirsek, dünya bunu bize yansıtır. John Lennon ne de güzel demiş:

"Bana hayalperest diyebilirsin
Ama bil ki yalnız değilim
Umuyorum ki bir gün sen de bize katılırsın
Ve dünya tek yürek olur..."

Benim de tek dileğim budur, sen de güzel yürek, sen de sadece hayal et!

‖‖‖

Yüksek bir titreşim kazanmanın en önemli adımlarından biri, düşüncelerin farkına varmaktır. Çünkü zihin senaryoyu yazar, ruh da o senaryoyu izler.

‖‖‖

Tai Chi

Tai Chi, Çin felsefesinde çok eski bir terimdir. "Yüce Doruk" veya "Son Yücelik" anlamına gelir. Çinliler çok eski zamanlardan bu yana doğal sağlığa çok önem veren bir uygarlıktır. Şimdi "Doğal sağlık da nedir?" diye sorabilirsin.

Biz belli bir sağlıkla dünyaya geliriz, çevresel ve hayat şartlarımıza bağlı olarak sağlığımız kendi içinde dalgalanır. Çin tıbbı doktorlarının hastaları iyiyken onlardan para almaları, hastalanıp gidenlerden para almamaları bu anlayıştan kaynaklanır.

"Doğal sağlık" dediğimizde var olan sağlığın bazı metotlarla birlikte korunması temeldir. Tai Chi egzersizleri de bu noktada devreye girer.

Tai Chi Chuan'da rahatlama, soluma ve uyumlu hareket, doğal sağlığın anahtarlarıdır.

Çin felsefesi ile uyum içerisinde olan evren sürekli bir değişim içerisindedir ve değişimi doğadaki fenomenlerle açıklamışlardır.

Yin ve Yang'dan söz etmiştim zaten... Ay ve güneş, gece ve gündüz gibi yaşamın temel fenomenleri vardır.

Ayrım içinde görünen bu fenomenler, birliği, tek ve evrensel kaynağı işaret eder ki bu da Tao'dur ve ifadesi ikili Yin ve Yang'dır. İnsan vücudunda Yin ve Yang organlar vardır, bu organlar (Chi) ile işlevlerini kusursuzca yerine getirirler. Chi hayat veren, sağlığı koruyan enerjidir. Doğum anında insan vücuduna girer, ölüm anında da bedeni terk eder.

Bu iç ve görünmez enerji, beslenme ve soluma yolu ile Tai Chi'de Nei Qong olarak bilinen teknikle beslenir. Nei Qong bir soluma tekniğidir. Enerjiyi toplayıcı ve dağıtıcı yaşamsal merkezde yoğunlaştırır. Soluma karındandır, sürekli ve derin olmalıdır.

Enerji, bedende iki plana göre dolaşır:

Burun yoluyla gerçekleşen ve Tan Tien yani göbek deliğimizdeki enerji merkezine kadar bir ekseni takip eden nefes almayla ve omurgayı takip ederek kafa ekseninin ortasında ağızdan çıkan nefes vermeyle uygulanır.

Tai Chi'yi öğrenmek ve bu alanda derinleşmek istersen Süha Ertekin Hoca'mızın derslerine katılmanı öneririm.

Chi Qong

Chi Qong, kişinin enerjisini artırmayı, zihni sakinleştirmeyi, bedene odaklanmayı, negatif enerjileri atıp bedeni pozitif "Chi" yani yaşam enerjisiyle doldurmayı amaçlayan bir içsel sanattır. Beş bin yıldan beri kullanılan Chi Qong, Tai Chi ile birlikte, geleneksel Çin tıbbında, yaşam enerjisi diye de tanımlayabileceğimiz "Chi" enerjisinin dengeli ve düzenli bir şekilde bedende akmasını sağlayacak çalışmalara verilen genel addır. Başka bir deyişle Chi Qong, belirli fiziksel duruşlar ve beden hareketlerini etkin nefes teknikleri kullanarak bedenin enerji dengesini düzenleyen Çin tıbbının ve savaş sanatlarının bir parçasıdır.

Taiji ve Kung-Fu gibi savaş sanatlarının en temel uygulamalarından birisi olarak kabul edilen Chi Qong, Çinlilerce sağlıklı ve uzun bir yaşam için kullanılan bir "iç simya ilmi" olarak görülür. Chi enerjisini kullanarak, evrende ve bedenimizde bulunan yaşam enerjisinin akışını düzenleme çalışmalarına Chi Qong adını veriyoruz.

1. Tıbbi Chi Qong: Akupunktur, masaj ve Çin tıbbında kullanılan şifalı otlarla "Chi" enerjisi dengelenir. Chi Qong egzersizleri iskelet sistemi, kas tendon, sinir sistemi, dolaşım sistemi, uyku, beden ısısı, kan akışkanlığı, lenf ve hormonal sistem, enerjiler, boşaltım, sindirim sistemleri ve astım hastalıkları üzerinde etkilidir.

2. Ruhsal/Zihinsel Chi Qong: Nei-Dan (içsel) denilen bu çalışmalarda yoğunlaşarak ve derinleşerek sağlanan rahatlamayla, organlardaki "Chi" dengelenir, Chi enerjisi kanallarda dolaşarak dengesizlikleri temizler, organlara, salgı bezlerine gereken enerjiyi ileterek bu organların fonksiyonlarını tam olarak yapmalarına yardımcı olur. Chi enerjisinin gitmediği, tıkalı veya yavaş çalışan enerji kanalları açıldıkça, daha fazla enerji bedenin güvenli kısımlarında saklanır. Meditasyon çalışmalarını da içeren bu uygulamaların içine Taiji ve benzeri içsel sistemler girmektedir.

Feng Shui

Şu ana kadar hep Çin kültüründen örnekler verdim sana. Çünkü Çin kültürü, 5 bin seneyi aşan kadim bütünsel şifa metotlarını bünyesinde toplar. Bunlardan biri de Feng Shui'dir.

Feng Shui felsefesine göre binalar insanlara benzemektedir. Buna göre evin sokak kapısı ağzımız, pencerelerse gözlerimizdir. Odalar ise, vücudun organları gibidir. Evlerde atılamadığı için saklanan ve yığın oluşturan eşyalar, enerjinin mekân içerisinde rahatça dolaşmasını engellediğinden, tıpkı bedenimizde hastalıklara yol açan kistler gibi yaşamımızda engellere ve olumsuzluklara sebep olacağına inanılır Feng Shui felsefesinde.

Sana da olmaz mı? Bazı mekânlara girdiğinde olumsuz bir baskı hissedersin üzerinde ve hemen oradan çıkmak istersin. Baz yerlerde ise kendini çok rahat hissedersin, kalkıp gidemezsin.

Mekânların da iyi ve kötü enerjilerinin olduğunun en büyük göstergesidir bu hisler. Feng Shui uygulaması yapılırken öncelikle yığınlardan arındırılırsın ve hayatının tıkalı olan yönlerinin açılmaya başladığını fark edersin. Yaşam hepimize son derece cömerttir, ama yalnız nimetlerden faydalanmak için çabalayanları ödüllendirir. Doğanın bir parçası olan insan, yaşadığı mekânda da doğadaki denge ve uyumu arar. İnsan ve mekân uyumsuzluğu, hayatımızı olumsuz yönde etkiler ve elbette frekansımızı düşürür veya yükseltir.

Beş bin yıllık geçmişi olan Feng Shui öğretisi, insanın varoluş özelliklerine uygun yaşam alanlarını düzenleme yöntemidir. Feng Shui ile daha sağlıklı, zengin, doyumlu ve mutlu ilişkiler yaşar, kendini geliştirir, kariyer beklentilerine ulaşır veya kazancını artırabilirsin. Yaşam bir yolculuktur, Feng Shui bu yolda alacağın kararlardan biridir. Sözlük anlamı "rüzgâr" ve "su" olan Feng Shui, doğada var olan evrensel yaşam enerjisini, yaşadığımız mekânlarda harekete geçirmenin yöntemlerini gösteren kadim bir Çin öğretisidir. Yaşam yolculuğunda bize sunulan seçeneklerden biri olan bu öğreti, doğanın enerjileriyle denge içinde yaşamanın ve bunu mekânlarımıza taşımanın yollarını gösteren bir kılavuzdur.

Aromaterapi

"Aromaterapinin titreşimi yükseltmekle ne ilgisi olabilir?" Aklındaki soru bu değil mi?

Bütünsel yaklaşıma göre hastalık bedende tezahür eden ancak ruhsal ve zihinsel boyutta başlayan bir enerji dengesizliğidir. Bu enerji dengesizliği yaşamınızla ilişkilidir, hastalık sürecinin daha derin, görünmeyen ve ruhsal, duygusal yönlerini barındırır. Düzenlenmediği takdirde dışarıya kendini hastalık olarak gösterir.

"Aromaterapide bütünsel şifa" dediğimizde anlamamız gereken şey ne olmalıdır peki?

Bir öz yağı ele alalım... Bu öz yağı kullandığında elindeki yanık iyileşir, aynı zamanda kızgınlık veren düşüncelerin sakinleşir. Öz yağlar uykusuzluktan kırık kalbi onarmaya, cilt güzelliğinden kalp ve damar sağlığına, menopoz, matem duygusundan, yeni biten aşkın acısına, zihinsel, ruhsal ve fiziksel şikâyetlerin giderilmesine kadar en iyi yardımcılarımızdandır.

İşte bu yüzden aromaterapiyi çok seviyorum. Çünkü aromaterapi bütünsel bir şifa metodudur, bu yüzden tek boyutta şifa vermez. Tedavi söz konusu olduğunda hasta/birey, hastalığın kendisinden çok daha önemlidir. Çünkü bize göre hastalık yoktur, hasta vardır. Çünkü yaratılışta her insanın enerji frekansı, özde birdir. Her insan, sağlıkla dünyaya gelir. Bu frekans kendi geçmişine, ilişkilerine ve duygusal durumuna bağlı olarak, her insanın kendi yöntemiyle vücudunda tezahür eder ve o kişinin biyografisi, aynı zamanda biyolojisine dönüşür. Buradaki amaç sana tanı koymak, herkesin aldığı tedaviyi sana da uygulamak ve sende farklı şekilde sonuç vermesini beklemek değildir.

Konu, hastalığın vücudunda neden ortaya çıktığı, vücudunun hangi belirli kısmında görüldüğü, bilincinin ya da kişisel enerji frekansının bunda nasıl bir rol oynadığına ulaşmaktır.

Enerji bedeninin dengesi değiştiğinde frekansın bozulacaktır. Öz yağların titreşim gücü, doğadaki herhangi bir bitkinin titreşimsel gücünden katbekat fazladır. Aromaterapide kullandığımız öz yağlar çok yüksek frekansa sahiptir. Neden?

Çünkü hem yağı elde etmek için tonlarca bitki ya da çiçek kullanılıyor, hem de bu öz yağ mikron seviyedeki moleküllerden oluşuyor. Ayrıca hem de canlı yani biyodinamik öze sahip.

Kişisel enerji frekansı yüksek titreşime sahip öz yağlarla yükseltilir, kişisel kür oluşturulup vücudun tedavisine destek verilir. Frekansın yükselmesi vücuttan mantarı, kanseri, depresyonu kovar. Yüksek frekanslı yağları kullandığımızda kişilerin enerji bedenindeki dengesizlikler ortadan kalktığı için hastalık da iyileşir.

Bütün öz yağlar aynı titreşim gücüne sahip değildir. Tedavi edici güce sahip, en üst titreşimdeki öz yağ 320 Mhz olarak ölçülmüştür.

Aromaterapide en çok kullandığımız öz yağların frekanslarını ve faydalarını ayrıştırarak 3 kategoride incelemek mümkün:

Düşük frekanslı yağlar – Fiziksel değişim

Orta frekanslı yağlar – Duygusal değişim

Yüksek frekanslı yağlar – Ruhani ve enerjetik farkındalık lll

Aromaterapide En Çok Kullanılan Öz Yağların Frekansları

Fesleğen (Ocimum basilicium) öz yağı: 52 MHz

Nane (Mentha piperita) öz yağı: 78 MHz

Adaçayı (Salvia sclarea) öz yağı: 85 MHz

Limon (Citrus limonum) öz yağı: 91 MHz

Mandalina (Citrus reticulata) öz yağı: 91 MHz

Greyfurt (Citrus paradisii) öz yağı: 91 MHz

Portakal (Citrus sinensis) öz yağı: 91 MHz

Ardıç (Juniperus communis): 98 MHz

Melisa (Melissa officinalis) öz yağı: 102 MHz

Roma papatyası (Anthemis nobilis) öz yağı: 105 MHz

Lavanta (Lavandula angustifolia) öz yağı: 118 MHz

Günlük (Olibanum galbanum) öz yağı: 147 MHz

Gül (Rosa damascena) öz yağı: 320 MHz

lllllllllllllllllllllllllllllllllllllllllllllllllllllllllllllllllllllllllllllllllllllll

Tedavi edici güce sahip, en üst titreşimdeki öz yağ 320 Mhz ile gül öz yağıdır.

"Gül, kalp üzerinde çok etkilidir derken, acaba sadece hayali bir boyuttan mı söz ediyoruz, yoksa fiziksel başka bir karşılığı da var mı?" diye soracak olanlara, biraz Rosa damascena, yani Türk gülünün, gül öz yağının aromaterapideki kullanım alanlarından bahsetmek isterim.

Aşkın sembolü gül... İnsanlık tarihi boyunca sevgiyle bağdaştırılan gül... Parfümeride ve aromaterapide kullandığımız gül öz yağı, özünü zor veren nazlı çiçeklerdendir. Bu yüzden üretimi zordur. 1 litre Rosa damascena, yani gül öz yağı üretmek için 4 ton gül yaprağı kullanılır. Bu sebepledir ki gül öz yağı, en pahalı öz yağdır. Gül aynı zamanda antibakteriyel, antioksidan, antiviral, enflamasyon gideren, canlandırıcı afrodizyak etkilere de sahiptir. Gülcülük, Isparta bölgesinde yüzlerce yıldır süregelen önemli bir geçim kaynağıdır ve dünyanın en pahalı gül öz yağı burada üretilmektedir. Gül öz yağı evrensel titreşimi en yüksek materyallerdendir. Saf gül yağını ülkemizde aromaterapiye gönül vermiş dostlarımızın markaları olan Gulsha, Homemade aromatherapy, Art De Huile'dan gönül rahatlığıyla alabilirsin. Kullanımına gelince. Gül öz yağını birkaç damla kalp çakrana sürebilirsin. Sevgi frekansın yükseldikçe, hayatındaki olumlu değişimleri göreceksin.

Yoga

Hayatımın en zorlandığım dönemlerinden birinde karşıma çıktı yoga... 2000 senesinde üzerime fazlaca gelen hayata karşı güçlenebilmek ve kendimle barışabilmek için başladım yogaya. Ne de iyi yapmışım. Yoga yoğun ve stresli oyunculuk şartları altında kendime huzur bulduğum bir liman... Merkezimde köklenmemi sağlayan, duygusal ve bedensel dengemi bulduğum en önemli sistemlerden biri benim için.

Yoga ülkemizde de pek yaygınlaştı, ne üzücü ki bazen sadece fiziksel olarak bir pozisyonun en iyi halde yapılması gibi sunuluyor. Yoga ile ilgilenen eğitmenler, standart verilen belli bir saati tamamlamaları dışında içsel yolculuğun sanki biraz göz ardı edildiği kurslardan sonra, zihinleri hâlâ alarmda, sadece bir atletin mükemmelliğine ulaşmak kaygısı ve disiplini ile ders vermeye başlıyorlar. Baş duruşları, akrobatik hareketler, bir atlet veya jimnastikçi muhteşemliğinde, güzel vücutlar ve rengârenk taytlar eşliğinde yoga kültü, sanki merkezinden ve özünden kaymış, giderek insandan ve nefesten uzaklaşır bir hale gelmiş gibi.

Bana göre yoga iddiasızlık, hiçbir şey olmamaya çalışmak ve sürekli olarak "an" farkındalığında olarak var olmak, nefesin iziyle beraber akabilmektir. Yoga, kendini bilmektir. Yoga bir şey yapmak değil, varoluşun akışıyla bir olarak, eylemsizliktir.

Yoga sisteminin genel adı içinde kullandığımız araçların yani duruşların hepsine asana adını vermekteyiz. Asana, vücut ve zihnin rahatlayıp birleştiği sabit duruştur. Bedenle yaptığımız hareketler kaslarımız, kemiklerimiz, eklem ve tendonlarımız üzerinde etkili olduğu gibi, zihinsel ve ruhsal açıdan da beslenmemizi sağlar. Asanalar sayesinde iç organlarımız, kas ve sinir sistemimiz daha sağlıklı hale gelir.

Asanalar çeşitli şekillerde sınıflandırılabilir. Bu sınıflamalardan biri hareketli asanalar ve sabit asanalardır. Hareketli asanalar bedene esneklik kazandırır, kasları güçlendirir, akciğer kullanma kapasitesini artırır, sindirim sisteminin çalışmasını sağlar ve salgı bezlerinin işlevselliğini artırır. Yogaya yeni başlayanlar için önerilir.

Ancak bizi ilgilendiren en önemli konu yoganın frekansıdır. Yoganın frekansı 741 Hz'dir. Nefes, hareket, esneme dengesi içinde yapılan yoga ile frekans yükselir, bilinç ve farkındalık artar.

741 Hz frekansında bilinç yükselir, zihnimiz açılır ve yeni bilgilere yer açılır. Bu frekans beden ve nefes bütünlüğümüzü sağlayarak farkındalığımızı geliştirir. Yoga ve titreşim, ayrılmaz bir bütün bana göre. Asanalar dediğimiz yoga pozisyonları, pranayama dediğimiz yoga nefesleri ve meditasyon yaparak

ulaşılan kozmik enerjilerle titreşim haline geçebiliriz. Sana titreşimini yükseltmek için basit yoga nefesleri vereceğim.

Yogada kullandığımız bu basit nefes tekniğiyle, sinir sistemini olumlu şekilde kontrol ederken, duygu durumunu da dengeleyebileceksin.

||||||||||||||||||||||||||||||||||||||||||||||||||||||||||||||||||||||||||||||||||||||||||||||||||||||||||||

Uygulama

Yoga nefesi

• Dilini damağına yapıştır. (Dilinin ucu, dişlerinin hemen arkasında olsun ve egzersiz boyunca bu şekilde kalsın.)

• Ağzından sesli bir şekilde nefes ver.

• Ağzını kapat ve içinden 4'e kadar sayarak burnundan yavaşça nefes al.

• Aldığın nefesi tut ve içinden 7'ye kadar say.

• Nefesini ağzından yine ses çıkaracak kadar güçlü bir şekilde, 8'e kadar sayarak tek nefeste ver.

• Şimdi tekrar nefes al ve bu döngüyü 3 kez daha tekrarla.

• Nefesleri sessizce burnundan alıp, sesli bir şekilde ağzından vermen gerektiğini unutma. Yaparken kendini aşırı zorlama, çok hızlı nefes alma, sadece yavaş ve derin ol. Ancak verirken sesli nefes vermen önemli. Biraz sersemleyebilirsin, başın dönebilir, normaldir. Doğru nefes almayı uzun zamandır ihmal ediyorsun, bu nefes çalışmasıyla vücuduna daha fazla oksijen alacağın için, otonom sinir sistemin rahatlayacak, tüm vücudun gevşeyecektir.

||||||||||||||||||||||||||||||||||||||||||||||||||||||||||||||||||||||||||||||||||||||||||||||||||||||||||||

Nefes

"Onu şekillendirip içine ruhumdan üflediğim zaman onun önünde saygı ile eğilin."

Sad Suresi 72. ayet

Nefes egzersizleri bizi 174 Hz seviyesine taşır. Nefesini yavaşça dinleyip, rahat olabildiğin zaman boyunca bu tonda kalırsan dinlenmiş bir seviyeye ulaşırsın. Bu frekansta endişen azalır, yavaş ve bilinçli nefes alıp beyne oksijen gitmesine yardımcı olursun.

Nefesimiz sadece bedenimizi değil, zihnimizi ve duygularımızı da etkiler.

Nasıl mı?

Mesela kızgın olduğun bir anı düşün ve nasıl nefes aldığına dikkat et. Göğsün mü inip kalkıyor, karnın mı?

Nefesin derin ve uzun mu yoksa kısa ve sık mı?

Cevabını bulduysan, şimdilik tut.

Peki, derin bir üzüntü içindesin diyelim. Ayrılık acısı yaşıyorsun mesela. Yine nefesine bak bakalım nerede?

Nefes almıyorsun aslında değil mi? Nefesin göğüskafesinde tutulu kalmış, vücutta bir katılık var. Nefesini tutmuşsun ama farkında değilsin.

Oksijen, fiziki-ruhsal ve zihinsel boyutta ne çok şey ifade eder bir bilsen. Londra'daki "Instute of Herbal Medicine and Aromatherapy" isimli okulda aldığım klinik aromaterapi eğitimimde, aromaterapiyi Çin tıbbı prensipleriyle harmanlamayı öğrendim. 2006'dan bu yana geçen dönemde çocuğundan yaşlısına sayısız vakayla çalışma imkânı buldum. Çin tıbbına göre vücuttaki tüm şifa aslında meridyen denilen enerji kanalları üzerinden akıyor. Bu şifaya ya da enerjiye Chi dendiğinden söz etmiştim. Ama bazen Chi benden de akamaz oluyor. Bazı bölgelerde enerji durabiliyor, bazı bölgelerdeyse fazla çalışabiliyor. Bu durağanlık veya fazlalık genelde uzun süreler boyunca tedavi edilmezse, bütünsel terapi yaklaşımıyla çalışanlar açısından hastalığın ilk sinyalleri alınmış sayılır.

Chi durağanlığı aslında, nefesle alakalı. Nefesin bozulmaya başlamasıyla kendini gösterir. Peki nefes nerede bozuluyor? Çocukluğumuzdan başlayarak, yaşadığımız duygusal olaylar, ailemiz ve çevremizde karşılaştığımız tutumlar ve bunları ele alış tarzımız, değişik travmalar, egonun ve zihnin devreye girmesi bizi doğal nefesimizden koparıyor. Nefesi kaybettiğimizde, vücudumuz hem oksijenle fiziksel boyutta, hem de Chi ile enerji boyutunda beslenemez olur. Beslenmeyen yerlerde enerji akışı olamaz, tıpkı kanla beslenemeyen kasların tutulması gibi o bölgelerde enerji blokajları olur. Önce sırtın tutulur mesela. Ya da geçmek bilmeyen baş ağrıları çekersin. Reglin aşırı kanamalı geçebilir. Fiziksel bedende tezahürleri bunlardır.

İşin enerjisel kısmına gelirsek ne çıkar karşımıza?

Asabiyet, alınganlık, sürekli geçmişte yaşama ve aynı olayı kafada tekrar etme, yaşadığımız olayları çözememe, aşırı kontrol, aşırı panik, duyarsızlık veya hislerde uyuşukluk...

İşte bunlar da nefes ve Chi akışının dengesizliğinin yarattığı sonuçlardır.

Aromaterapi seanslarımda danışanlarıma yaptığım uzun bir konsültasyon sonrası onlara bir de enerjetik masaj uygularım. Bu masajda kişinin bedeni ve nefesi çok şey söyler. Blokajlarını hissederim. Aslında işler daha ciddiye varmadan, temelde bu noktada bile yakaladığım çoğu danışanım doğru nefesi öğrendikten sonra her boyutta iyileşme yaşarlar. Nefesini düzelten, enerjisini de düzeltir, frekansını da yükseltir. Nefes hiç bilmediğin bir şey değil, sadece unuttun. Beraber hatırlaya-cağız ama, merak etme. Nefesimiz diyafram nefesi olduğunda, efor sarf etmeden yumuşak ve derin nefesler aldığımızda bey-nimizin dalgalarını dengeleyeceğiz. Vücudumuza doğru oksi-jen girince, organlarımız da beslenecek, oksijen arttıkça sinir sistemimiz dengelenecek, algımız temizlenecek ve netleşecek. Olayları daha net göreceğiz. O halde yapacağımız şey basit. Ancak oksijende de önemli bir şeyi almayı bloke ediyoruz... O da Chi!

Bağlantılı nefes almayı hatırlamak çok önemli...

Nasıl mı?

İyi nefes alarak işe başlayacağız. Diyafram nefesini öğrene-ceğiz. Dilersen Youtube kanalımda nefesle ilgili bütün çalışma-larımı izleyebilirsin.

IIIIIIIIIIIIIIIIIIIIIIIIIIIIIIIIIIIIIIIIIIIIIIIIIIIIIIIIIIIIIIIIIIIIIIIIIIIIIIIIIIIIIIIIIIIIIIIIIIIIIIIIIIIIIII

Uygulama

Diyafram Nefesi

Şimdi rahatça otur ve omuzlarını gevşet. Ellerini dizlerinin üzerine bırak. Nefes alırken dilini damağına dayamayı unut-ma. Dili damağa dayamak, dili ağzın tavanına yerleştirerek diyafram nefesiyle birlikte yapılan bir uygulamadır. Dilin durması gereken yer, dişin damakla birleşme noktası değil, damağın kavsinin en yüksek olduğu tam üst noktasıdır. Yani damağında sinüs boşluklarının deliklerinin, dilinin ucuyla hissettiğin noktanın biraz önüdür.

IIIIIIIIIIIIIIIIIIIIIIIIIIIIIIIIIIIIIIIIIIIIIIIIIIIIIIIIIIIIIIIIIIIIIIIIIIIIIIIIIIIIIIIIIIIIIIIIIIIIIIIIIIIIIII

||||||||||||||||||||||||||||||||||||||||||||||||||||||||||||||||||||||||||||||||||||||||||||||||

Dili damağa dayadığımızda bu iki ana kanal birbirine bağlanmış olur ve mikro kozmik daire kapandığı için enerji akışı güçlenir, tüm meridyenlerde kesintisiz olarak akar ve bedenimizdeki organlara Chi yaşam enerjisini taşır.

Kan basıncını, kalp atış hızını, kan şekerini düşürmekten sorumlu parasempatik sistemin uyarılmasına yardım eder. Vücudumuzun bu fonksiyonlarını yavaşlatarak sinir kontrolü yapmamızı sağlar.

Vücuttaki organları alışkın oldukları pozisyonların dışına zorlamak her zaman temizleyici etkide olacaktır. Yani dilimizin damağımıza yapışık durması bağışıklığımızdan sorumlu küçük bir bez olan timüsün de uyarılmasını sağlar.

Yaparken ağzındaki tat acılaşırsa, sistemde çok toksin var demektir. Ağzın tadı tatlılaşmaya başlarsa açılıyor demektir. Dili damağa dayayarak diyafram solunumu yapmak kalp, akciğer ve beyin hastalıkları üzerinde olumlu etkiler gösterir. Uykusuzluk, yüksek tansiyon, dil, boğaz, göz hastalıklarının üstesinden gelmeye yardımcı olur ve strese özellikle faydalıdır. Zihni öfke, arzu, nefret ve güçlü ego duygularından arındırır. Ses tellerinde birikmiş toksinleri temizleyeceği için sesini derinleştirir, hoş ve tatlı titreşim kazandırır.

Bu çalışmayı yapmadan önce ılık bir duş alabilirsin. Bağırsakların ve mesanen boşken, uykunu iyice almış olarak, rahatsız edilmeyeceğin bir yerde yapmanı öneririm.

Çok yavaş, derin ve eforsuzca, karnını şişirerek nefesini al ve ver. 10 dakikanı buna ayırman yeterli. Dene ve enerjinin nasıl yükseldiğini gör. Nefesle dünyadaki yerini sağlamlaştırırken yepyeni bir evrene adım atıyor olacaksın.

||||||||||||||||||||||||||||||||||||||||||||||||||||||||||||||||||||||||||||||||||||||||||||||||

Derin bir teşekkürdür, şükür

Şükür... Olaylardan ve sonuçlardan bağımsız bir hissedişle kaybetme duygusunun olmaması, korkunun yerini sevginin almasıdır. Bugüne dek yaşadığımız iyi/kötü her deneyimi hayatımıza bir şekilde kendimizin çektiğini bilmekle birlikte her deneyimin, içinde hediyesiyle bize geldiğinden emin olarak derin ve koşulsuz bir şekilde edilen teşekkürdür, şükür.

Evrene devamlı şükran yayını yapan bir kanal olmak ister misin? Şükretmek, yaşam sevincini ve mutluluğunu artıracaktır. Sonuç olarak evrene yaşam sevinci yayarak, senin yükselen titreşiminle etkileşecek olayları, koşulları, durumları hayatına çok hızla çekeceksin.

‖‖‖

Hayatın düzenini ve değerini anladığımız ölçüde yaşam kalitemizdeki değişiklikleri hızla hissederiz. "Nasılsa oradalar!" diye önemsemediğimiz şeylerin değerini bilmek, nefes alıp vermenin, her sabah güneşin doğuşunu, her akşam batışını görmenin, yaptığımız hataların, yanlışların içindeki armağanları görüp gereken dersleri çıkartmanın bile şükranını hissetmek, hayatın bize sunacağı güzellikler için peşin bir ödeme yoludur ki buna "şükür" denir.

‖‖‖

Doğanın Frekansıyla Uyum

Hücrelerimizden kemiklerimize kadar doğanın enerjisine ihtiyaç duymaktayız, çünkü onun bir parçasıyız.

Peki ama doğa anayla ritmimizi nasıl senkronize edeceğiz?

Tabii ki doğada topraklanarak...

Hadi çıkar ayakkabıları, çorapları! Bas çıplak ayaklarınla toprağa, çimene...

Ağaç Duruşu Meditasyonu

Bu duruş bizler için çok değerlidir. Çünkü gerçek Yin Yang dengesini kuran bir tekniktir. Sahiden de gerçek bir ağaç gibi durduğun ve kollarını açtığın vakit, bedenin Chi enerjisiyle dolar ve ağacın doğadan aldığı tüm bilgelik sana da akmaya başlar. Güneş Yang'dır, ay ise Yin...

İkisine de dengeli şekilde ihtiyacın var. Bir ağaç gibi yere köklen, ayakların kalça hizasında açık dursun. Ayak parmaklarını bir yelpaze gibi yere yay... Ayaklarının her noktası yere eşit ve sağlam biçimde bassın.

Birkaç nefeste ayaklarını hisset. Sonra üst gövdene ver dikkatini... Omuzlarını gevşek bırak, kollarını da... Boynunu, çeneni ve gözlerini de...

Sert büyük hareketler içinde olma, sakin ve yavaş kal. Bir ağaç gibi dallarını gövdenin iki yanında uzat. Burnundan sakince aldığın ve verdiğin derin nefeslerle evrenin yaşamsal enerjisini içine çek. Dolunay zamanı, yeniay zamanı, güneşte, yağmurda ve rüzgârda doğanın tüm elementleri sende de var. Doğadan korkma, onun bir parçası olduğunu hatırla, tüm elementleri derin nefeslerle vücuduna al, hepsiyle bütünleş. Haydi şimdi doğaya çık ve bütünleş... Emin ol ışıldayacaksın... Benden söylemesi...

Meditasyon

Kim olduğun sorusuna cevap arayan ve "Daha iyi bir ben" diyebilen herkesin yolu meditasyondan geçer. Her ne kadar meditasyon bazıları için sadece uzunca bir "Ooommm!"dan ibaret olsa da, gözlerini kapatarak kendilerinden geçen ve dünyadan soyutlanıp gerçekdışılıkta yaşayan kişilerin komik tasviri gibi algılansa da aslında meditasyon, kendi gerçeğimizi analiz etmemizi, özümüzle bağlantımızı sağlayan yollardan biridir.

Gerçeği görebilen ve anda yaşayan temiz bir zihin olmadan ruhsal yükseliş mümkün değildir. Zihnin ve ruhun, sakin ve dingin olduğu bir ruh hali varsa, o zaman mutluluk, sağlık ve huzurdan bahsedebiliriz.

"Zihni susturmayı öğrenmek, içsel sesi yani ruhun sesini dinlemeyi öğrenmek demektir. Meditasyon, bir kişinin sessizliğinde durması, kendi içine, kendi derinlerine bakarak özünde ne olduğunu anlamasıdır" şeklinde yorumlansa da bence, sessizliğin altında bilinçaltımızdan dökülen saklanmış inançların, duyguların ve düşüncelerin tekrar yüzeye çıkmasına izin vermektir.

Meditasyonla kişi karanlıklarını görür, onları anlam yüklemeden, yargılamadan sadece izler. Bu şekilde zihnin karanlıkta kalan tüm odalarının kapıları ve pencereleri açılır, ışık içeri girer. Meditasyon yaparken bir şey "yapma" halinde değilizdir, tam tersine yapma halinin tamamen terk edildiği derin bir teslimiyet içerisinde izleyiciyizdir. Sadece var olmak kadar, nefes almak ve vermek kadarızdır. Aydınlanma dediğimiz başka nedir ki?

Meditasyonla zihni nasıl boşaltacağımızı öğrenmemiz gerekiyor. Aşağıda sıraladığım metotlardan birini sistematik olarak uygulayarak zihni boşaltmayı öğrenebilir ve hayatına meditasyonu etkili bir şekilde katabilirsin. Zihnini boşaltmaya başladığın andan itibaren, kaygılarınla, korkularınla, egonla ve kızgınlıklarınla artık işin kalmayacaktır, derin bir huzura ve farkındalığa ulaşacaksındır. Yani hayat akışında olacağın, huzur ve mutluluğu her anda yaşayacağın, Yaradan'ın varlığını huzurla her yerde hissedeceğin yerde, kaygılarla, korkularla, egoyla, öfkeyle ve kızgınlıklarla kirlenmiş zihnini, gerçeği görmeni engelleyen zihinsel kirlerden meditasyonla arıtabilirsin.

Zihnin yeni gerçekliğinde yepyeni dünya görüşünde evreni yeniden algılarken, frekansın da bununla beraber değişecek. Perdenin öbür tarafını daha net göreceksin. Meditasyonda farklı metotlar vardır. Ama kafan karışmasın diye söylemek isterim ki hepsinde hedef, zihni boşaltmaktır. Meditasyonda çokça kullanılan teknikleri sıralayalım şimdi.

Nefese odaklanmak

Derin karın nefesleri alıp, yine yavaş karın nefesini ağızdan vererek, nefesimize konsantre olarak, düşünceleri zihnimizden uzaklaştırarak sadece anda kalabilme halidir. Bu metodu Zen Budizmi ve diğer metotlar çokça kullanır. Bana oldukça iyi gelen bir metottur. Birkaç dakikada bile, zihninin sana oyunlar oynadığını göreceksin. Derin nefesini burnundan alırken, içinden 7'ye kadar sayabilirsin. Derin nefesini de 7'ye kadar sayarak tutabilir, sonrasında nefesini yavaşça verebilirsin. Bu bir çemberdir. Bu çemberi 7 kez, 14 kez, 21 kez yavaş yavaş artırarak uzat.

"Saatlerce değil, sadece birkaç dakika bile zihinsiz kalabiliyor musun?" Denemen gereken kendine baskı kurmak değil, tam tersine izlemektir. Zihnini bastırmaya, susturmaya çalışma, sadece izle. Sessiz sakin bir ortamda dik şekilde bir sandalyede ya da rahat bir zemine sahipsen bağdaş kurarak yerde de oturabilirsin.

Rehber kullanmak

Bir dış sesin yönlendirmesiyle yapılan meditasyondur. Benim çok sevdiğim tekniklerdendir. Tabii dinlediğin sesin huzur verici, zihnini sakinleştirici olması gerekir. Rehberinin yönlendirmeleriyle zihinde rahatlama sağlanabilir. Rehberli meditasyonlar için telefonuna indirebileceğin uygulamalardan yararlanabilirsin. Meditasyon, Patika, Dingin Kafa... Bunlar kullanabileceğin Türkçe uygulamalardır. Dilersen Youtube kanalımda benimle birlikte nefes meditasyonu da yapabilirsin.

Zihni serbest bırakmak

Aralıksız bir şekilde anlamsız konuşmalar, bazı hareketli ve dinamik meditasyonlarda, dans ve müziğe kendimizi kaptırarak dans ettiğimizde, bir rehberin sesinin eşliğinde sadece yönergelere uyarak zihnimizi boşaltabiliriz. Meditasyondan farkı, çok rahat, kuralsız ve tek amacın biraz rahatlamak olmasıdır.

Bir nesneye konsantre olmak

Mum ışığında bir nesneye bakarak, hiçbir nesneye anlam katmadan dingince durmakla yapılan meditasyondur. Gözlerini sürekli kırpıştırmadan, gayet serin ve sakin nefeslerle ilerlemen önemlidir.

Mandala Kullanmak

Mandala, enerjisi yüksek çizimlerdir. Bu çizimlere bakmadan önce niyet edilip, sonrasında mandalaya konsantre olarak meditasyona geçilebilir. Son aylarda pek popüler olan hazır mandalaları boyayabilirsin.

İbadet

İbadet ettiğimizde, gerçekten samimi bir kalple Allah, Yüce Yaratıcı, Yaratan veya Sonsuz Enerji'nin frekansına bağlanırız. Her dinin kendi dilinde ettiği dualar bir enerji alanı oluşturur. Arapça, İbranice veya Sanskritçe... Dualar, esmalar, mantralar belli tekrarla tekrarlandıklarında bir enerji alanı oluşturarak frekansına etki eder. Gerçek samimi duygularla, erdemli, daha iyi ahlaklı ve dünyaya faydalı olmak niyetiyle yapılan ibadet, frekansını yükseltecektir. Elbette ibadeti yapmış olmak için yapma, namazını kılarken, duaların anlamlarını ve etkilerini biliyorsan bu çok daha etkili olacaktır.

Müzik

Müziği kimse keşfetmedi ya da bir yerde bulmadı. Müzik doğada, evrende, her yerde. Müzik aslında hepimizin içinde. Müziği eğlence, kendimizi, anlatma, duyguları paylaşma, kutlama, seremoni, boş vakit ve iletişim amaçlı olarak kullanırız. Bu yüzdendir ki, sesle şifa yüzlerce yıldır bir terapi metodudur. Müziği düğünlerimizde aşkı kutlamak, canımız sıkkınken enerjimizi değiştirmek, sevdiğimiz dostlarla gençliğimizi hatırlamak için kullanıyoruz da neden şifa için kullanmayalım? Müzik terapidir.

Neden "Müzik ruhun gıdasıdır" dediklerini düşündün mü hiç? Eskiler bu deyişi sebepsiz yere kullanmamışlar. Çünkü evrenin ve üzerindeki her canlının, her maddenin, kendine has bir müziği vardır, titreşimlerle bunu yayar. Müziğin notaları, kullanılan bazı aksesuvarların frekansları dinleyen kişide, ortamda titreşimsel olarak etkiler sağlar. Sana morfik alandan bahsetmiştim, işte müzik de bu alanı yaratır. Evrendeki her şey morfik titreşim ağıyla birbirine bağlıdır, etkileşim ve iletişim içindedir. Müzik bu alanı kuvvetlendirir, bazen de yaratmamızı sağlar. Müzisyenlerin beyinleri simetrik değildir, motor ve bilişsel fonksiyondan sorumlu bölgelerinin daha büyük olduğu biliniyor. Yine müzisyenlerde beynin sağ ve sol lobları arasında yer alan bölge olan Corpus Callosum'da, beynin iki hemisferi arasında daha iyi bağlantı olduğu biliniyor. Nörolojik çalışmalarda müzik dinlemenin bizi daha yaratıcı ve üretken yaptığı kanıtlandı. Dinlenen müzik türüne göre ruh halimizi iyileştirebiliyor ve stresi de azaltabiliyor. Çünkü müzik dinlediğimizde doğa ağrıkesici ve mutluluk hormonu olan oksitosin ve dopamini salgılıyor vücudumuz.

Kadim çağlarda müzik, beden, zihin ve ruh için, hem tedavi hem de bir çeşit inisiye aracı olarak kullanılmıştır. Müziğin notaları, aynı zamanda titreşim yani bir frekans aracıdır. Notaların değerleri Hint şifa bilimi Ayurveda'da enerji merkezleri olan çakraların dengelenmesinde, Çin tıbbında meridyenlerdeki blokajların açılmasında, enerji akışının sağlanmasında, Osmanlılarda akıl ve ruh hastaları üzerinde şifalı etkilerinden dolayı kullanılan farklı makamlarda ortaya çıkmıştır. Bunların dışında bir sistem vardır ki, bu sistem günümüzde de sesle frekans yükseltmek için kullanılan en güçlü metotlardan biridir. Bu metot, Solfeggio frekanslarıdır.

Antik çağlardan gelen Solfeggio frekansları, önce kiliseler tarafından fark edilmiş, ayinlerde ve ritüellerde kullanılmıştır. Solfeggio frekansları, 6 notalı bir ölçektir. Bu frekansları kullanan kiliseler, notaların, Yaratıcı tarafından Dünya'yı yaratırken kullanıldığını kabul ediyorlardı.

Ne demiştim? "Var olan her şey, evrensel bir enerjiden oluşmuştur." Her şey önce titreşir, titreşim elbette müzik notalarıyla da olabilir. Solfeggio frekanslarını dini törenlerde kullanan kiliseler daha sonra, halkın buna henüz hazır olmadığını öne sürerek, bu müziğin paylaşılmasını yasaklamış, Solfeggio frekanslarını ortadan kaldırmışlardır ve kaybolduğunu açıklamışlardır. Fakat, konuyla ilgilenen araştırmacılar, kaybolma açıklamasına inanmamışlar, frekans bilgilerinin saklandığını iddia etmişlerdir.

Solfeggio frekansları sadece frekansımızı yükselterek rezonans değişimini sağlamaz, bundan daha güçlüdür, denilen odur ki, Solfeggio frekansları DNA'mızı aktif hale getirmek için, şu anda insanlığın kapalı olan "hurda genler"inin açılmasında kullanıldığı düşünülmektedir.

1970-1980 yıllarda bu konuya eğilen Dr. Joseph Puleo isimli bilim insanı, araştırmalarını yapmış ve Solfeggio frekansları bilgisini, tekrar ortaya çıkarmıştır. Kendisi "DNA'nın kolektif hafızayla bağlantılı olduğunu, her şeyin bir bütün olduğunu" belirtmiş ve kendisini, frekansların DNA aktivasyonu üzerindeki etkisini araştırmaya adamıştır. Frekansların, kilise tarafından kasıtlı olarak yok edildiğini düşünen Dr. Joseph Puleo, bir vizyon sonrasında çalışmalarını hızlandırmıştır.

528 Hz frekansının, DNA üzerinde iyileştirici etkilerini belirlemiştir. Ben de bu kitabı yazarken Youtube'dan sürekli sözü edilen frekansları dinleyerek titreşimimi yükseltmeyi, bu bilinçle sana daha yüksek bilgiler aktarmayı hedefledim mesela... Umarım başarılı olmuşumdur.

Kitabımın arkasındaki adresler bölümünde Solfeggio frekanslarını senin için listeledim. Lütfen kulaklığını tak ve rahatsız edilmeyeceğin bir ortamda müziği dinle. Arabanda, yürüyüş yaparken, evinde ailenle bir aradayken bile fonda bu müzik çalabilir.

Ses terapisi nedir?

Ses terapisi müziğin; duygusal, psikolojik, ruhsal, fiziksel, sosyal, zihinsel, yüzeysel halini kullanarak hastanın sağlığını iyileştirmeyi amaçlar. Sesle şifa hastanın psikiyatrik, psikolojik, bilişsel, duygusal, sosyal gelişimsel hayatını düzenler.

Sesle şifa dinlemekle, söylemekle, müzikle meditasyon yapmakla ve müzik aletleri çalmakla olur. Böylelikle üretilen sesler olumlu ses dalgalarını değiştirip ruh halimizi değiştirir. Evrende neredeyse deneyimlediğimiz her şey dalgalardan oluşur. Sesler kucağımıza geldiğinde, duyusal sinirlerimize gelip işitsel korteksimize ulaşırlar, bu bölümde beyin sesi işler. Ses beyne ulaşınca, vücudumuz yanıt üretir. Bu durum duygularımızı değiştirir, hormon oluşturur ve vücudumuzu ve ruh halimizi değiştiren kimyasallar salgılarız ve böylece belirli dürtüler oluşur. Dans etmek, şarkı söylemek gibi...

Ses nasıl iyileştirir?

Ses, en basit haliyle söz edecek olursak, bizi mutlu eder ve ruh halimizi değiştirir. Mutlu edici müzikler dinlediğimizde de, üzgün müzikler dinlediğimizde de hislerimizi daha derin duyumsarız. Tek fark mutsuzken mutsuz şarkılar dinleyerek kendimizi daha iyi hissederiz. Çünkü müzik dinleyenler daha az acı çekip daha mutlu olurken, müzik dinlemeyenlere göre daha az stres ve endişe yaşarlar. Müzik bizi yatıştırır, aynı zamanda ağrımızı keser.

Sesler farklı frekanslarla gelirler ve frekanslarla iyileşme farklı sesleri birleştirince olur, hasta iyileşir ve rahatlar. 1970'te yapılan bir araştırmaya göre iki kulağa farklı tonlar çalınınca beyin üçüncü bir ton oluşturuyor, böylece rahatlıyor. Beyin açılarak zihin ve vücut arasındaki iletişimi artırıyor.

Vücudumuz ve beynimiz sese alışmak için içsel bir müzik oluşturur. Bu zihinsel iyileşmenin temelidir. Belirli tonlar ya da sesler kullanarak kendi frekansımızı onlara göre ayarlayabiliriz. Diyelim ki acı çekiyorsun ve baş ağrın var, beyin dalgalarını engelleyecek bir ses çalındığında acı çektiğini unutursun.

Diyelim ki biraz endişelisin, keyifli bir şarkıyla rahatlayabilirsin. Sesler ve şarkılar bizde hatıralar oluştururlar ve bu hatıralar depresif ya da travmatize olmuş hastalara yardım etmek için kullanılabilir.

Ses iyileşme terapisinde kullanılan metotlar vardır. Bu metotları uygularken birçok enstrüman ve araç kullanılır. Enstrümanlardan yayılan titreşimler beyin dalgalarımızı senkronize eder, katı, sabit bir frekansa sahip oluruz. Sesle iyileşme birçok semptoma iyi gelebilir.

Ses Şifası

Psikolojik/Psikiyatrik/Davranışsal bozukluklar, otizm, depresyon, öğrenme bozuklukları, gelişim bozuklukları, endişe bozuklukları, stres, travma sonrası stres bozukluğu, acı, duygu durumu değişimleri, üzüntü, kızgınlık, kendine acıma gibi sorunlarla ilgili binlerce yıldır uygulanan ses terapileri ve uygulamalar sırasında kullanılan birtakım müzik aletleri vardır. Konuyla ilgili başvurabileceğin kişileri ve kurumları kitabın arka bölümünde bulabilirsin.

Birçok müzik ve ses terapisi çeşidi vardır Frekansını güçlü şekilde etkiyebilecek olanları aşağıda bulabilirsin. İyileşme ve gelişme alanında hepsi aynı temele sahiptir.

Peki ses terapisi ne kazandırır yeri gelmişken bu bilgiyi de verelim:

- Netlik ve denge
- Rahatlama
- Artan hafıza ve konsantrasyon
- Artan uyku kalitesi ve miktarı
- Güçlü bir bağışıklık sistemi
- Artan yaratıcılık
- Artan farkındalık, hem kendin hem çevre olarak

Tibet şifa çanakları: Şifa için kullanımı 12. yüzyıla dayanan Tibet şifa çanakları, Asya'da özellikle Tibet ve Nepal'de meditasyon, ritüel ve seremoni amacıyla kullanılmıştır. Metal kâselerden çıkan ses gongun ya da çanın sesine benzer. Sesle şifa terapisinde rahatlık getirir, zihni netleştirerek objektif düşünme gücü verir, stresi ve endişeyi azaltır, kan şekerini düşürür, nefes almayı ve dolaşımı artırır, ağrıları azaltır, bağışıklık sistemini güçlendirir ve hastanın ruh halini düzeltir. Tibet şifa çanakları iyileşmede çok kullanılan bir yöntemdir. Bu birçok iyileşme yönteminin içindedir çünkü etkilidir. Kan basıncı düşüklüğünden, endişeden kurtulmaya kadar birçok rahatsızlığa iyi gelir. Tibet şifa çanakları ağrı tedavisinde de kullanılan nadir şifa enstrümanlarındandır.

Mantra/rehberli meditasyon: Sesin bir yöntem olduğunu unutma. Eğer meditasyon için sesini kullanıyorsan, kendi kendine ses terapisi şifası yapıyorsundur zaten. Meditasyonun sağlık için nörolojik ve psikolojik olarak yararları vardır. Meditasyon yaparken şarkı söylemek ya da belirli mantralar ve dualar mırıldanmak uyku getirir, kan seviyesini düşürür, ruh halini dengeler, nefes almanı kolaylaştırır, zihnini yatıştırır. Aynı şey rehberli meditasyon için de geçerlidir

Çatal terapisi: Müzikal enstrümanlar gibi, melodili çatallar vücudumuzu dengeler ve eski haline getirir. Bahsettiğim araçları akupunktur iğneleri gibi düşün. Bu çatallar gerilimi alır, enerjiyi bloke eder. Bu tarz bir iyileşme duygusal denge getirir ve acıyı rahatlatır.

Titreşimsel akustik terapi: Titreşimsel akustik terapi direkt olarak vücudu etkiler. Hasta yatağa ya da mata yatar, katılımcılar yere uzanır, sesler ve titreşimler dinletilir.

Bu yöntem çoğunlukla kanserden ya da ağır hastalıklardan kurtulanlara ve felç geçiren hastalara uygulanır.

Ses terapisinde kullanılan enstrümanlar

Tabii ki ses iyileşmesinde, birtakım araçlar da kullanılır. Sözünü ettiğim enstrümanlar kolayca bulunabilir ya da alınabilir olanlar. Ancak profesyonel ya da belirli durumlarda alınabilir enstrümanlar da var. Aklında bulunsun, müzisyen olsan da olmasan da, bütün müziklerin iyileştirme özelliği vardır. Eğer burada sözünü etmediğim bir enstrümanı çalmayı biliyorsan elbette onu kullan.

Müzik çalmanın ve müzik dinlemenin (iyileşme amaçlı tasarlanıp tasarlanmasa da) terapi etkisi vardır. Eğer rahatlamak istiyorsan ve evinde eski bir gitarın da varsa muhakkak çal derim. Sana ne kadar iyi geldiğine şaşıracaksın.

Yağmur çubuğu: Azteklerin kullandığı yağmur çubuğu ruhsal şifa için kullanılır. Yağmur çubuğu kurumuş kaktüsten yapılır, içine taş ve tohum gibi maddeler eklenir, seans sırasında şaman tarafından hastanın üzerinden geçirilirken yağmur sesi çıkarır. Stresi azaltmak, endişe ve depresyondan kurtulmak, sakinleşmek için kullanılır. Davullarla birlikte de kullanılır çok zaman.

Diapozon çatalı: Diapozon çatalı müzikteki temel notaların uyumuna ayarlanmış bir enstrümandır. Ancak yaydığı frekansın şifa gücü de olduğu için, ses terapisinde ve akupunkturda da kullanılır.

Kendi sesin: Hiçbir enstrüman çalmayı bilmiyorsan, dünyanın en komplike en iyi enstrümanını unutmana şaşarım. Çünkü bana göre kullanabileceğin en etkili ve kolay müzik enstrümanı kendi sesindir. Kendi sesini rahatlamak, iyileşmek için kullanabilirsin. Sesinle şarkı söyleyebilir, dua edebilir ve şifa ihtiyacını karşılayabilirsin. Kendi sesinle iyileşirken, kullanabileceği birkaç yöntem var:

Esmaları zikretmek

Allah'ın 99 ismi içinden o an ihtiyacın olan esmaları tekrarlamak, frekansını yükseltecektir. İnsanın ruhu ve bedeni, yaratılış olarak Rabb'in parçasıdır, nefesidir. Zikir, anmak, hatırlamak gibi anlamlara gelir, tasavvufi açıdan zikir düşünmek, tefekkür etmek amacıyla da ele alınır. Allah'ı ve O'nun güzel isimlerini zikretmek, O'nun varlığını hatırlamak enerjimizi yükseltir. Esmaları kitabın arka kısmında bulabilirsin.

Mantralar

Uzakdoğu geleneğinde kullanılan ve mistik etkisi olduğuna inanılan çeşitli kutsal söz ve kelimelerden oluşan mantralar, bu kelimelerin oluşturduğu titreşimlerden faydalanarak kişinin daha yüksek bir bilince ulaşmasını amaçlar. Her sabah sana iyi geleceğini düşündüğün bir mantrayı tekrarlamak, enerjini dengeleyebilir. Hangi mantraya ihtiyacın olacaksa, onu kullanabilirsin. Bu tamamen sana kalmış. En bilindik mantra olan ve bütün eski Hindistan dinlerinde kullanılan Om kutsal sesi, "Aum" şeklinde, yani üç harften oluşacak şekilde okunur. Bu üç ses, kozmik yaratılışın üç aşamasını simgeler. Om hecesi gizemli biçimde bütün evrenin özünü temsil eder. Her dile gelişi, evreni yaratan güçlere içten bir övgü, derin bir saygıdır. Budizm'in en önemli mantrası ise "Om Mani Padme Hum"dur. Budistler bu sözü tekrar etmeyi ve içerdiği kutsal öz olan şefkat ve merhameti evrene yaymayı bir ibadet olarak yaparlar.

Budizm'in temel felsefesi zararsızlık ve merhamettir. Aydınlanmış merhametin ses formundaki ifadesinin "Om Mani Padme Hum" olduğu varsayılır. Bu mantra, kişinin merhamet ve sevgiye konsantre olmasına yardımcı olur. Kendi sesinin yaratacağı frekansı asla küçümseme, müziği yaratabileceğin birçok mükemmel enstrüman seni iyileştirmeye yardımcı olsa da, yükselmenin anahtarı mantraları nasıl kullanacağını kitabın arka kısmındaki "uygulamalar" bölümünde bulabilirsin.

Tertemiz Bir Cinsel Enerjiye Sahip Olmak

Böyle bir kitabın ortasında görmeyi hiç ummadığın bu başlık seni şaşırttı mı?

Hayır, şaşırtmasın...

Titreşimden bahsediyorsak, dünyanın en güçlü enerji alışverişini es geçemezdik. Çünkü gerçek ve saf anlamda yaşanan cinsellik iki insanın birbirine en yakın deneyimidir. İki beden, iki ruh, iki enerji alanının karşılaşmasıdır. Öncelikle cinselliğin çok kutsal ve doğru insanla, dikkatli yaşanması gereken bir deneyim olduğunu belirtmeliyim. Neslin devamı, üreme veya çiftleşme açısından konuyu ele almak cinselliğin kutsallığına zarar verecektir. Son yıllarda yaşanan cinsel serbestliğin, bu anlamda sıkça partner değiştirmek ve enerji alanlarını kirletmek demek olduğunu düşünüyorum, bu yüzden lütfen enerji alanını koru. Cinselliğinle ilgili yanlış etkilerden sıyrıl, enerjini yüksek tutmak ve gerçek eşinle yaşayacağın cinselliğin frekansını yükseltecek muazzam deneyimini es geçmemek için kendini sakla. Cinsellik tek boyutlu bir zevk, keyif ve tensel bir haz değildir.

Hepsinin üzerinde ele alınmalıdır. Ancak bazen doğru tercihler yapılamaz, düşük titreşimli insanlarla bu etkileşime girilebilir ve enerji bedeninde, titreşimde değişiklikler söz konusu olabilir. Bu durumda cinsel enerjinin temizlenmesi gerekir.

Nasıl mı? Öncelikle yıkanmak çok değerli bir arınma metodu, duş alırken son durulanma suyuna elma sirkesi ya da deniz tuzu ekleyerek kendini nötralize edebilirsin. Aromaterapi yağlarını kullanarak bedenindeki kötü enerjileri temizleyebilirsin.

Aromaterapi uygulaması: Günlük yani frankincense dediğimiz öz yağ, günlük ağacının reçinesinden elde edilen, binlerce yıldır mumyalamada, ölüm sonrası matemde, kutsal mekânların temizlenmesinde, dua seremonilerinde kullanılan, merkezleyici özellikte bir öz yağdır. Aromaterapide de yine günlük öz yağını enerji bedeni temizliğinde kullanırız. Yapacağın şey çok basit... İki üç damla günlük öz yağını avuçlarına damlat, başının üstünden omuzlarına ve tüm vücuduna önden geriye doğru tarayarak ellerini gezdir. Sonra yine eline öz yağı damlat ve ayak tabanlarını avuçlarınla tamamen kavrayacak şekilde sıkıca tut. İki ayağın için de aynı şeyi yap. Mekânlarında da aromaterapi kapların varsa içlerine su doldur ve mercanköşk, biberiye, adaçayı, frankincense ve biraz limon öz yağı ekleyerek mekânlarını temizlemeni öneririm.

Adaçayı yakmak: Mekânların ve insanların dumanlanması, ortamda bulunan düşük frekansların temizlenmesine destek verir. Benim en çok yaptığım uygulamalardan biri de adaçayı yakmaktır. Adaçaylarını dilersen bir kâsenin içinde de yakabilirsin, ya da sıkıca sardığın bir buketi de yakabilir, dumanın alana yayılmasını sağlayabilirsin. Ucunu çakmakla yakıp biraz közlendirip, sonra söndürdüğün dumanı tüten adaçayı buketini, dairesel hareketlerle (saat yönünde) kendi üzerine gezdir. Tepe çakrandan başlayarak, baş çevrende, boynunda, kalp ve sırtında, solar pleksus dediğimiz kaburganın altı ile midenin üstündeki noktada, karnında, jenital bölge üstünde, dizlerinde, ayaklarında, ayak uçlarına önlü arkalı tut. Özellikle sırtına da dumanı tutmalısın. Bunun dışında yatak odanda, yatağının içine, dolapların içlerine, odaların her bir köşesine, yatak altlarına, kuytu yerlere, banyoya, sonrasında çokça kullanılan alanlara da dumanı taşıyabilirsin. Özellikle koridorlar, salon ve yatak odalarını ihmal etme... Evine misafir gelip gittikten sonra kendini ağırlaşmış hissettiğinde adaçayı yakabilirsin. Adaçayı ve şifalı otlardan hazırladığım tütsü buketlerini aysetolga.com'dan temin edebilirsin.

Sirkeyle temizlemek: "Ayşe bu da kitaba yazılır mı?" deme... Yaşadığın ortamın, ofisinin veya evinin enerjisini temizlemek titreşimini koruman için çok önemli. Sen de bilirsin ki bu bir Türk âdetidir. Eskiler yeni bir eve taşındığında sirkeli sularla temizlerlermiş her yeri... Neden? Sorunun cevabı bilimsel olarak hâlâ açıklanamıyor olsa da sirkenin alkali kimyasal yapısı sayesinde bir nevi topraklama etkisi yaptığını düşünüyorum ben. Benim metodum Orta Asya Şamanlarının kullandığı metot...

Cam bir bardağa bir tatlı kaşığı tuz koy, bardağın yarısına kadar, tercihen elma sirkesi koy, kalan boş kısmını da suyla doldur. Bu karışımdan birkaç tane hazırlayabilirsin. Ben aynı anda salonuma, kızımın odasına, yatak odama, mutfağıma ve banyoma ayrı ayrı hazırlıyorum. Sen de evinin, yatak odanın ya da işyerinin görünmeyen bir köşesine tuzlu ve sirkeli suları koyarak 24 saat bekle. Sonra bardakları alıp aynı işlemi 3 gün daha tekrarla. Sirkeli suyun rengi değiştiğinde şaşırma. Bu uygulamayı su ertesi gün temiz kalıncaya kadar devam ettir. Sonrasında hep bir köşede tuzlu ve sirkeli su bardaklarından bulundur. Evdeki düşük titreşimleri temizlemek için Şamanların yaptığı uygulamalardan biridir sirkeli ve tuzlu su. İşe yarar mı, sorgulama bile.

Frekansı Yüksek İlişkiler

Doğanın en basit kanunudur bu. Benzer şekilde titreşen iki farklı maddedeki enerji, birbirine çekilir ve birbirini besler.

İki farklı insan bir araya geldiğinde, işte bu sezgisel bilgiyi alıyor, aslında ona ait elektromanyetik kodları birbirini okuyor. Bu kodlar duygularımız, çekirdek inançlarımız, bilinçaltımız, fiziksel özelliklerimiz gibi bizi oluşturan elementlerdir. İşte birbirini okuyan kodlar eğer uyuyorsa, enerjiler bir araya geliveriyor. Yani anlayacağın frekanslar, aşkta da çok etkili sevgili okur.

Zaman, mekân, ortam, durumlar ne olursa olsun eğer kodlarda bir uyum varsa engel olunamayacaktır, aşk başlayacaktır. Aşka dair her şey başlayacaktır. Enerji yükselir, beden kimyası değişir, âşıklarımız kendilerini çok mutlu, tamamlanmış, heyecan dolu ve enerjik hisseder. Ancak bir süre sonra, alışkın olduğumuz senaryo karşımıza çıkar. Enerji yavaşlar, güzellikler azalır ve biter.

Peki bu noktada ne olur dersin?

Neden, kalıcı sevgiye dönüşmez?

Sebebi frekanslarla alakalı...

Bir enerji alanında buluşan iki kişinin bilinçaltlarında yerleşik çekirdek inanç kodları sevgi odaklıysa ilişki de sevgiye dönüşerek kalıcı olur. Odak korkuysa, hızla küçülüp tükenecektir ki çevremizde çoğunlukla ikinci örneği görüyoruz değil mi?

İşin ilginci, her şey ilişkidir. Kimya, atomlar arası ilişkidir. Sağlık, hücreler ve sistemler arası dengeli ilişkidir. Ekoloji, organizmaların kendileri arasındaki, sonra da çevreleriyle olan ilişkidir. Barış ve huzur, kişiler ve toplumlararası uyumdan doğan ilişkidir. Peki sende bunlar neden artık yok? Barış, huzur, aşk, anlayış, iletişim ve sevgi.

Çünkü artık ikiniz de eski frekanslarınızda değilsiniz ki. İki insan, aynı ya da birbirine yakın frekansta iseler ancak ortak bir şeylere sahip olur ya da yan yana gelebilirler. Kendinize ne yatırım yaptıysanız, o frekanstasınızdır. Duygu ve düşünceleriniz de artık karşılıklı olarak farklı bir titreşimdedir. Bu da sizi ayrı bir rezonansa sokuyor.

Sen artık bugün, o kişiyle apayrı frekanslarda yaşıyorsun, ne yaparsan yap yakalayamayacaksın.

Titreşimini yükselttikçe aranızdaki uyuşmazlığı daha net anlayabilirsin. Daha önce de verdiğim örnek gibi kiminle anlaşıp anlaşamayacağın da net bir şekilde karşına gelecektir. Böylece daha mutlu ilişkiler kurabileceksin.

İşte kısmet de bu değil mi?

Kısmet dediğimiz şey, aslında benzer frekansların buluşmasından başka bir şey değildir. Bir şey senin kısmetinse, dünyanın iki ayrı ucunda da olsanız, birbirinizi bulursunuz. Çünkü doğru frekanslar her zaman birbirlerini bulurlar. Şöyle bir inancım var, bir yere giderken yolum açıksa orada akış var. Bir yere giderken bir sürü sorun yaşıyorsam, sıkıntı varsa orada blokaj var. Bu bir mesaj derim. Bu mesajı alıp, zorlamadan devam edebilmek önemli... İlişkilerde de böyle. Tanıdığım bekârların tümü bir sevgili, bir eş istiyor. Evli veya ilişkisi olan dostlarımdan çok nadir olanları senelere rağmen aşklarını ve dostluklarını koruyabiliyor.

IV. BÖLÜM

YÜKSEK FREKANSA UYUM

Hiçbir Şey Sebepsiz ya da Anlamsız Değildir

Başımıza gelen her şey, başka bir durum ya da olayın bir sonucudur. Yaşadığın hastalığın veya duygusal bir sorunun, aslında aşırı miktarda enerji yüklemenin bir sonucu olabileceğini hiç düşündün mü?

İnsan bilincinin ve gezegenin bilincinin birbirine bağlı olduğunu artık öğrendik. Evrendeki canlı cansız her şeyin birbiriyle ilişkili değişimlerden geçtiği artık bir sır değil. Yaşananların çoğu, gezegenimize gelen ve hepimize doğru akan daha yüksek frekanslı bir enerjinin akışının sonucu.

İnsanlığın evriminin, bu enerji dönüşümü olduğunu söyleyebiliriz. Yüksek titreşim enerjisi, kendimizde ve dünyada yaşanan pek çok sorunu çözmemize yardımcı olacaktır. Ancak bu enerji aynı zamanda karşı karşıya kalabileceğimiz diğer zorlukların yaratılmasından da sorumlu... Yani yaşamımızdaki güzel şeylerde olduğu gibi, olumsuzluklarda da yine bu enerjinin varlığından, etkisinden bahsedebiliriz.

Her birimiz enerjetik varlıklarız ve her birimizin titreşimli parmak izleri var. Eğer bireysel enerjimiz akmakta olan yeni frekanslarla aynı paralelde ilerlemiyorsa, düşükten yükseğe doğru gerçekleşen enerjisel geçiş bedenlerimiz ve zihinlerimiz için çok zorlu olabilir. İşte bunun sonucunda duygusal ve fiziksel sorunlar ortaya çıkabilir. Bir kişide aşırı enerji yüklemesi olduğunda genellikle şu belirtiler görülür:

- Kaygı

- Baş ağrısı

- Vücut ağrıları

- Sırt ağrısı

- Depresyon

- Duygusal sorunlar

- Kafa karışıklığı

- Yaralanma

- Titreme

- Uyku sorunları

- Gün içinde enerji dalgalanmaları

- Nörolojik sorunlar

- Akut veya kronik hastalıklar

Aşırı enerji yüklemesi sorununa ciddi şekilde yaklaşmakta fayda var. Konunun anlaşılması açısından şöyle örneklemeye çalışayım: Mesela elinde elektronik bir cihaz var, cihaza fazla enerji yüklüyorsun. Yani 110 voltluk bir cihazı, 220 voltluk bir prize taktığını düşün. Cihaz önce fazla enerjiyi kullanmaya çalışabilir. Ancak enerji gelmeye devam ederse, cihaz arızalanır hatta yanar. Bu durumda cihazı suçlayamayız değil mi? Sorun enerjide değildir. Buradaki temel sorun, enerjiyle cihazın uyumsuz olmasıdır.

Bilim insanları, yüksek titreşim enerji akışının dünyaya neden bu dönemde geldiğiyle ilgili birçok farklı açıklama ortaya koyuyorlar.

Güneş ışınlarının gelişinde bir artış mı var?

Foton kuşağının artan etkisi midir?

Bütün bunlar Maya gibi eski bir zaman çizelgesinin parçası mı?

Dünyadaki yolculuğumuzun kozmosa olan etkisi mi?

Yoksa öze ya da kaynağa bir dönüş mü söz konusu?

Enerjinin nereden kaynaklandığına veya neden şimdi geldiğine bakılmaksızın buradan çıkarılacak sonuç şu ki, enerji akışı gerçekleşiyor ve hepimiz bundan az ya da çok etkileniyoruz. Fiziksel benliğin, şu anda bedeninde ve çevrende hareket eden yüksek frekanslı enerjileri alamıyorsa ve işleyemiyorsa senin için fiziksel ve duygusal birtakım zorluklar ortaya çıkabilir.

Sağlıklı Enerji Akışı

Vücudunun yüksek titreşim enerjisini kolayca ve zahmetsizce işlemesi için iki şey gerekir:

1. Vücudunun titreşimiyle gelen enerjinin titreşimi uyumlu olmalıdır. Başka bir deyişle, bedenin gelen enerjiyle aynı frekansta veya ona yakın frekansta olmalıdır. Titreşim seviyen daima düşüncelerinin sıklığıyla doğru ilişki içindedir. Olumlu ve sevgi dolu düşünceler daha yüksek frekanslar üretirken, olumsuz ve korkulu düşünceler daha düşük frekanslar üretir.

2. Vücudunda duygusal bloklar olmamalıdır. Böylece enerji tüm vücuduna eşit şekilde akar. Sorunları bedenlerimizde sakladığımız zaman duygusal bloklar meydana gelir. Bunlara geçmişte yaşanan acılar ve geleceğe dair korkular da dahildir. Yaşamış olduğumuz ve unutamadığımız herhangi bir utanç verici olay, vücudumuzda depolanan duygusal bir blokla sonuçlanabilir. Enerji, vücudumuzdan çıkmaya çalışıncaya ve bu alana sıkışıncaya kadar bu tıkanıklığı fark etmeyebiliriz.

Sıkışmış enerji daha sonra bu alanı tıkar ve serbest kalana kadar depolanır. Sıkışmış enerji, zamanla durgun bir enerji haline gelir ve sonuç olarak hastalıklara veya yaralanmalara neden olur. Enerji sıkışıklığından kaynaklanan ağrılar da oluşabilir.

Bedendeki sıkışmış enerjinin fiziksel bir karşılığı olsun veya olmasın, bedendeki ağrılar, enerjinin akmasını engelleyen bir blok olduğunun bilgisini verir. Enerjinin vücutta akması için duygusal sorunların serbest bırakılması gerekir. Enerji aktığında, dışarı çıkabildiğinde, kullanılabildiğinde vücuttaki ağrılar, yaralar, duygusal yıkımlar da iyileşir.

O yüzden bir bak bu sıkıntıları yaşıyor musun? Örneğin, kalbinde serbest bırakılmamış duygusal bir soruna sahipsen, bu konu enerjik bir tıkanmaya neden olabilir. Enerji kanallarından akması gereken, daha yüksek bir titreşim enerjisi bedeninde akmaya çalıştığında bunu gerçekleştiremez. Sonunda, enerji tıkanması fiziksel bir sorun olarak ortaya çıkabilir. Enerji akışının olmayışı ve enerji kanallarının dengesinin bozulması konusunda, sadece fiziksel boyuta değinmek şifa bulmak için yeterli değildir. Çünkü bana göre duygusal blokajlarımız da serbest bırakılmalıdır. Vücudumuz bize asla yalan söylemez. Vücuduna dikkat edersen, enerjinin nerede aktığını ve nerede sıkıştığını tam olarak bileceksin. Vücudunun herhangi bir bölümünde ne kadar uzun süre enerji kalıyorsa, fiziksel veya duygusal sıkıntı da o kadar fazla olur. İyi haber şu ki, enerji vücudunda serbestçe aktığında, seni iyileştirmek ve tüm vücut sağlığın da dahil olmak üzere bir sonraki bilinç seviyesine yükselişi desteklemek gücüne sahiptir.

Nefes, Tai Chi, yoga, Chi Qong gibi uygulamalarla bedenindeki enerji dengesizliklerini giderebilir ve bedenindeki enerji akışını dengeleyebilirsin. Kitabın "Uygulamalar" bölümündeki metotları gündelik olarak düzenli yapmaya başladıktan bir süre sonra, enerjin dengelenecek ve sen de farklılığı hissedeceksin.

Eğer enerjinin çok yüksek olmasından veya daha fazla akış olmasından kaynaklanan sorunlar yaşadığını düşünüyorsan, çözümü yine kendinde bulacaksın. Bu durumda içindeki öz benliğinden fazla enerjiyi azaltmasını ve ardından vücudunun üstesinden gelebilecek bir hız ve yoğunlukta kademeli olarak artırmasını isteyebilirsin.

Vücudumuz hakkında olumsuz bir tutum veya düşünce içinde olduğumuzda, vücudumuzun titreşimi azalır. Bunun tam tersi olarak bedenlerimizden iyi bahsettiğimizde, bedenimizle barıştığımızda vücudun titreşimi de doğal olarak artar. Vücudunla ilgili sözlerin sevgi dolu olsun, kendinle sevgiyle konuş, istediğin vücuda sahip olmak için aşkla çaba göster. Memnun olmadığın şeyler varsa değiştirmek için yine sevgiyle yaklaş bedenine. Kendi aşkla davranmak titreşimini artırmanın en etkili yollarından biri...

Gerçeği söylemek kesinlikle rahatlatıcı olabilir. Bir şeyleri saklamak, gizlemek vücuduna yük olur, titreşimini düşürür. Titreşimini yükseltmek için cesur ol ve kendini sağlıklı bir şekilde ifade et. Gerçeği açıkça ifade edip yükünden kurtul. Kendi vücudunu en iyi sen tanırsın, sen bilirsin. Vücudunun titreşimini neyin etkilediğini sezgisel olarak biliyorsun zaten. İşte bu yüzden gerekli ayarlamaları da sadece sen yapabilirsin. Vücudunun sesini dinle ve ona uyum sağla.

Herkesin kendi titreşimi üzerinde tam bir kontrolü vardır. Yani istersen vücudunu daha yüksek enerjisel frekanslarla aynı paralele getirmen hiç de zor olmaz. Sen kendi içsel enerjinle büyür, iyileşir ve uyanırsın...

Mutluluk, huzur ve yüksek enerjili bir yaşam için enerjisel bir yaklaşım esastır. Tüm bunlardan yola çıkarak; vücudumuza daha yüksek enerji verdiğimizde, daha net, daha canlı, doğal enerjili, genç, fiziksel olarak sağlıklı, zihinsel açıdan refah ve bilinçli bir şekilde yaşamak mümkün olur. Vücudunu, fiziksel ve ruhsal olarak formda tutabilmek için enerjine sahip çık. Ruhunu onurlandırdığında, doğal olarak titreşimini yükseltirsin ve böylece daha yüksek bir enerjiyle gerçekte kim olduğunu fark edersin. İşte tüm bunlar senin içsel bütünlüğe ulaşman için gerçekleşen kutsal yolculuktur.

Yüksek titreşimli bir hayat için...

Şimdi sana yüksek titreşimlerle nasıl yaşayacağını anlatacağım. Ancak bu bilmecenin daha önemli birtakım parçaları var. Hayatında bir kez daha heyecanını yükseltmek istiyorsan, düşüncelerinde ustalaşmak çok önemli. Bu sayede dünyada görmek istediğin değişikliğe ulaşabilirsin. Ama önce sana bir yarış arabası sürücüsü olmadığını hatırlatmak isterim. Bu yüzden bekleme. Tek hatırlaman gereken, yaşamın kaynağının sende olduğudur. Bunun için nefes egzersizlerini, Tai Chi uygulamalarını, kristalleri ve aromaterapiyi ya da sana yakın hissettiğin bir metodu her gün düzenli olarak kullanarak, bağlantını hiç koparma... Önemli olan tek şey, bağlantıda kalmandır. Bağlanma uygulaması aslında bir çeşit bırakma uygulamasıdır. Aynı anda birkaç şeyi birbirine bağlayamaz, birlikte tutamaz ya da kavrayamazsın. Titreşimini yükselttiğinde artık bağlanmışsındır bu bağlantının kopmaması için, iletişim şart... Bunun için iletişimde kal, her gün yürüyüşe çık, hep dans et, bolca dua et, sanattan kopma, resim kursuna git, şarkılar söyleyerek frekansını koru, seninle aynı frekansta birileriyle bağlantıya geç, ne gerekiyorsa onu yap. Tüm bunlar için kendine güven ve evrene güven. İşte o zaman her şey güzel olacak! Tüm bunların bir araya gelip vücut bulmuş hali aşktır. Her şeye âşık ol, her şeye aşkla yaklaş.

Hayatının titreşimini artırmak için ilham verici adımlar atarken, kendine karşı sabırlı ve nazik olman çok önemli elbette ama yine de kararlı ve girişken olmalısın. Aşağıda senin için sıraladığım adımları bir "yapılacaklar listesi" olarak algılama, kişisel gelişim yolunda seni güçlendirici bir rehber olarak kabul et lütfen.

İnançlarında ustalaş: İnançlar, şartlandırılmış düşünceler olduğundan, her inancın buna karşılık gelen bir titreşimi vardır. Bu da mağduriyet ve güçsüzlük gibi aslında seni güçlendiren inançları serbest bırakıp yerine güçlendirici inançları benimsediğinde titreşimini artırabileceğin anlamına gelir. Bilinçli olarak iyiyi yaratma yeteneğine ne kadar inanırsan ve evrenin koşulsuz olarak seni desteklediğine güvenirsen titreşimin de o kadar artacaktır. Seni gitmek istediğin yere götürecek olan inançları kabul et lütfen, yaşamında da uygula. Bu inançlar ne olabilir? Olumlu inançlar diyebiliriz. Dünya güvenli bir yerdir, ben güvendeyim, işlerim her zaman yolunda, ben şanslıyım. Bunlar aslında biraz daha olumlama içeren pozitif içerikler.

Değerlerine sahip çık: Sahip olduğun değerler çok önemli... İnsan olarak vazgeçilmez özelliklerin, senin değerlerindir.

Erdem, güven, dürüstlük gibi... Bunları taşırken, dış dünyadan ya da başkalarından senin değerli olduğunu kanıtlamalarını istemekten vazgeç. Kendi özüne bağlan. Başkalarından seni onaylamalarını istemekten vazgeçtiğinde titreşimin doğal olarak artacaktır. Kaynak sende, başka bir yerde değil. Kendinle baş başa kalarak yapabileceğin çalışmaları kitabın son bölümünde derledim, bu uygulamaları yaparak, bir ağaç gibi köklenecek ve merkezleneceksin. Değerlerinin güvenli, doğru ve doğal olduğunu keşfedeceksin. Unutma ki, değerli olduğunu kanıtlamak için bir şey yapmak zorunda değilsin, bunu kanıtlamaya çalışmak, seni bu düşünceden uzak tutar. Nasıl ki sen her gün güneşin doğup, her akşam batacağını biliyorsan bunu da öyle bil. Değerlisin, gerçek değerini elinden bırakma.

Duygusal ihtiyaçlarını kendin karşıla: Duygusal gereksinimlerini karşılamak için kendini feda etmekten veya çok sevdiklerinden ödün vermekten vazgeçtiğinde, titreşimin doğal olarak artacaktır. Sen öncelikle kendi duygusal gereksinimlerini karşılamalı, kendini takdir etmeli, kendini anlamalı, kendini kabul etmeli, kendini onaylamalı ve kendini dinlemelisin. Bunun için de yine, kendine dönmeye, kendinle bütünleşmeye ihtiyacın var. Bir süreliğine kapılarını dışarıya kapatıp, içinde yaşaman faydalı olacaktır. Kendi duygusal ihtiyaçlarını tam anlamıyla karşılaman, bütünlüğe götürecek.

Sorumluluk al: Titreşimini yükselterek, başka bir rezonansa geçmekteki amacının dünyada nadir bir istek olduğunu anla. Bu sebeple sen, bir öncüsün. Bu dünyada önce kendin sonra başkaları için bir "Bilinç Değiştirici" olmaksa görevin, bunun için yaşamındaki ve içindeki her deneyimin için tam olarak sorumluluk almalısın. Bu ne demek? Başına gelen her şeyin sorumluluğu sana ait demek. Hayatındaki her şey seni yansıtıyor ya da seni tamamlıyor demek. Dünyayı sıkıntıların, sorunların için suçladığın sürece, yaratma gücün yok olacaktır ve titreşimin de düşük seviyede kalacaktır. Bunun tam tersine, yaşamın için giderek daha bilinçli bir şekilde sorumluluk aldığında, titreşimin doğal olarak artacaktır. Unutma dünya sen böyle olduğun için bu halde, o halde öncelikle kendinden başlayarak, şikâyet ettiğin her şeyin sorumluluğunu al.

Tepkisellikten uzak dur: Gerçekler kimi zaman, hatta çoğu zaman acıdır. Ancak hayatın gerçeğidir. Gerçeklere karşı ne zaman negatif bir tepki verirsen gücün azalır ve tepkine uyum sağlaması için titreşimin düşer. Düalite dediğimiz dünyanın 3. boyut duygu dünyasından sıyrılmak, iyi-kötü temelli duygulardan sıyrılmak gerek. İşin püf noktası şu: Hiçbir şeyi kişiselleştirme ve tepki vermene neden olan hikâyenin bir parçası olmayı bırak. Unutma ki, bu sadece bir hikâye ve biz onu gerçekleştirmedikçe hiçbir hikâye gerçek olmaz.

Pisliği taşıma: Herkesin çöpünü yanında mı taşıyorsun? Yapma... Birisi sana kirli bir bez fırlattığı için onu yakalayıp elinde taşıman ve evine götürmen gerekmez. Etrafındaki insanların sana gönderdiği düşük titreşimli enerjiler kirli bezlerdir. Sen bu dünyaya "negatif enerji süngeri" olmak için gelmedin. Titreşiminden sorumlu olacaksan, diğer insanların negatif enerjisini üstlenemezsin. Hadi o pis bezleri bir daha eline bile alma, var olanları da hemen at.

Potansiyelinle iletişime geç: İçindeki yüksek güçle ve potansiyelinle ne kadar sağlam bir bağlantı kurarsan titreşimin de o kadar yüksek olur. Potansiyelin de bir "şey"dir. Kitabımın başından beri her şeyin bir titreşimi olduğunu söyledim. Şeyler madde üstünde kavramlar da olabilir. Bu sebeple potansiyelin aslında şu an içinde sende gizli olan geleceğindir. Birikimlerin, kişisel geçmişinin sende bir yansımasıdır potansiyelin, sen titreşimini yükselterek daha üst rezonansa çıktıkça potansiyelin de gelişecek. Nasıl bağlanmak istersen bağlan güzel dost.

Evrimine teslim ol: Sen, evrimleşen bir varlık olduğunu idrak ettiğinde sonsuz bilinçle bağlı olarak yaşayacaksın. Bir ruha sahip bir beden değil, bedene sahip bir ruhsun. Evrim ise sembolik bir ölüm ve yeniden doğuş sürecidir. Yepyeni sen, bu süreçte kim olduğunu ve olmadığını anladığın noktada karşına gelecek. Potansiyelin senin içinde gizli bir elmas gibi. Sen kim olduğun konusunda uyanışa geçtikçe, açılan kapıları da, karşına gelen hocaları da görebileceksin. Çünkü inan, karşına gelen her şey bir mesajla geliyor. Sana canıgönülden yardım eden tüm evren, ona güvenmeni bekliyor. Bu yüzden olacağın şey olmak uğruna, şu anda olduğun şeyden vazgeçebilmelisin. Farklı bir rezonans, teslim olmayı gerektirir. Kaybedecek bir şey, kazanacak çok şey yok aslında. Herkes kendi evrimini gerçekleştirmek durumunda.

> *"Düzenim bozulur, hayatımın altı üstüne*
> *gelir diye endişe etme... Nereden bilebilirsin*
> *hayatın altının üstünden daha iyi*
> *olmayacağını?"*
>
> Şems-i Tebrizi

Dramı hayatından çıkar: Hadi, bu ülkede televizyonlarda, sokaklarda, metrobüste zaten herkes arabesk film karakterleri gibi dünyaya küsmüş, kurban rolünü seçerek yaşarken, sen sevgili dost, senin küçük besleme modundan çıkma zamanın geldi de geçti bile. Evet çevremizdeki çoğu insan bilinçli veya değil, tam bir dram bağımlısı. Evet, dramatik sohbetlere katılmak ve dedikodu yapmak eğlencelidir. Ancak titreşimini ne kadar düşürdüğünü bilseydin kaybettiklerine değmeyeceğini anlardın. Drama, dramatizasyonda yer alan düşük titreşimli düşünceler, duygular ve inançlar gerektirir. Kimin kime ne yaptığı kimin umurunda? Buna değmez, affet, unut, devam et ve dedikoduyu da, dramı da hayatından çıkar.

Bilinçli bir yaratıcı ol: Soruna değil, çözüme odaklan. Ben sorunları severim bilir misin? Onları sorun olarak görmem, onları halletmem gereken güzel şeyler olarak görürüm ve genelde iştahım kabarır. Hastalıklar ve yolunda gitmeyen işler için ise, arkasındaki mesajı anlamaya çalışırım. Biraz sessiz kalıp, dinginlikte bu hastalığın bana dediklerini dinlerim. Elbette ki; çoğu zaman neyin yanlış olduğunu fark etmek güç, ama orada sıkışıp kalma. Bunun yerine, sorunlarını zıplamak ve çözüme dahil etmek için duygusal birer kaldıraç olarak kullan. Neyi sevmediğini biliyorsan, onu tersine çevirebilirsin ve yine aynı şekilde neyi sevdiğini bilirsin. Soruna odaklanırsan, yıkım ve çöküş halini sürdürüyorsundur. Enerjini ve dikkatini ne yapmak istediğine yeniden odaklarsan, daha yüksek bir titreşimde var olan çözümle aynı paralele gelirsin. Çözümle bir kez buluştuğunda, ilham veren eylemin en üst düzey sonuçlara ulaşır. İşte bu bir bilinçli yaratma eylemidir.

İnsanları olduğu gibi kabul et: Çok fazla yanlışlar mı görüyorsun? O halde önce kendinde yanlışlar görmeyi bırakmalısın. Bu seviyede hataları görmen, ayrılmakta olduğun 3. boyutun düalite etkisidir. Bu boyutta yargılayıcılık çok fazladır, binlerce yıldır insanlık bu enerji alanının içinde olduğu için kemiklerine kadar işlemiş olan yargı enerjisinden çıkarken, sana yapışan kırıntıları fark et. Yargı enerjisi bir önceki bilincin enerjisi, bu yüksek frekansın içinde kalmak için eleştirmeyi bırak ve herkesin olduğu gibi kalmasına izin ver. Kendini veya başkalarını yargıladığında veya eleştirdiğinde titreşimini bastırmış, aslında kendini baskılamış olursun. Yargı ve eleştiri, iyi niyetli olsa bile, titreşimi baskılayıcı etki gösterirler. Sen insanları ve olayları akışına bıraktığında kendin ve başkaları için titreşimin doğal olarak artacaktır. Yürüdüğün sokaklarda, karşılaştığın insanlarda rengârenk ve cıvıl cıvıl güzel enerjileri görmeye başlayacaksın. "Nasıl?" diyorsun. "Nasıl enerjimi yükseltirim?" Sadece mutlu ol. "Nasıl mutlu olurum?" Sevdiğin yemeği hazırla, sevdiğin şarkıyı söyle, sevdiğin şeyleri yapmaya zaman ayır. Hayatın bir akışı var güzel dost, akışa güven... Bırak biraz da kendini, güzel bir akış bu, kaptır kendini. Böylece olacak her şeyin, olması gerektiği gibi çok daha mükemmel olduğunu görebileceksin.

Bağışlayıcı ol: Affetmemek çok yorucu... Hepimizi üzer, bitirir, titreşimimizi düşürür. Başkalarıyla arana güzel bir köprü ör, iletişim köprüsü olsun bunun adı, böylece hızlıca onlara bağlan. Şanslıyız ki, affetme, minnettarlık ve unutma gibi artan titreşime hızlı bir şekilde erişmemizi sağlayan birçok köprümüz var. Bağışlama köprüsü mesela, seni utançtan kurtarabilir, daha pozitif ve daha yaşanabilir bir dünyanın içine sürükleyebilir. Hele bir de bize iyilik yapan, bize değer katanlara karşı minnettar olmayı öğrenmek çok önemlidir. Zira burada da, minnettarlık köprüsü bizi korkudan sevgiye götürür. Pozitif ve enerjik araçların güçlü birleşimi kendimizi iyileştirmemizi ve haklı bir şekilde bütünleşmemizi sağlar. Köprüler kurmak çok önemli.

İçsel rehberini takip et: Bir ortama girdiğinde, bir kişiyle tanıştığında bazı şeyler hissedersin. Vücudun harika bir navigasyon cihazıdır ve tam olarak nerede titreştiğini bilmeni sağlar. Rehberliğin kalbinden, bağırsaklarından veya üçüncü gözünden gelip gelmediğini bilmeyi, anlamayı, dinlemeyi öğren. Bir şeyin "doğru" olmadığını kalbinde, midende bir saniye içinde hissettiğinde, sonra aklını devreye sokup, kalbinin hislerini geriye atıp, içinde bir ses sana yine de "yanlış" olduğunu söylerse, içindeki sesi dinle. Asla aklını dinleme, çünkü doğru değildir. Bunu hepimiz yaşamadık mı? İlk hislerimiz hep doğru çıkmadı mı? Vücudunun ve içsesinin sana yaptığı rehberliğe direnmek yerine; düşüncelerinin, inançlarının senin üzerindeki yaptırımını fark et ve eylemlerini düzelt.

Katkıda bulun: Başkalarına veya dünyaya katkıda bulunma arzusu doğaldır ve gerçektir. Karşılıksız vermek, zor durumdakilere yardım etmek bizim doğamızda var. Ancak bu katkıda bulunma eylemini de temiz bir enerjiyle yapmalıyız. Yardım veya katkı, bir çıkar, bir zorunluluk, korku veya suçluluk duygusuyla yapılmamalıdır. Bu alanın titreşimi çok düşüktür, büyük amacımıza hizmet etmez. Yani eksideyizdir. Bu arada özellikle hatırlatmak isterim, yardımda bulunurken lütfen acımayı veya üzülmeyi kenara bırakmaya çalışalım. Bu duyguyu o kadar özümsedik ki, belki de farkında bile değiliz. Ülkemizde özellikle bu çok yaygın, kabul edilir hatta onaylanan bir davranış halini aldı. Bu yüzden uyanık olmanı rica edeceğim. Birisi için üzülmek bence bir yargı ve bu nedenle düşük bir titreşim yansıtır. Şefkat iç gözümüzle başkalarını görüp sevgiyle karşılık vermektedir. Bu da hediyelerini, yeteneklerini veya herhangi bir katkı formunu sunmadan önce, düşüncelerin ve niyetlerinle temiz ve net olman, verdiğin şeyin sevgi alanından gelmesi için sevgi ile aynı paralelde olman ve sevginin yüksek titreşimini yansıtman anlamına gelir. Sevgiyle ver, almak için, yükselmek için, karşılık için verme. Katkıda bulunmak için ver.

Kendini ifade etmeyi alışkanlık haline getir: Farklı olmak, kendini ifade etmek, konuşmak, gerçeği anlatmak, utangaçlığı aşmak, başkalarının ne düşündüğünü umursamamak ve kendin için düşünmek için cesur ol. Işığını yak! Zaman, utangaçlık zamanı değil... Hissettiklerin içinde titreşimini düşürecek düşük duygulara dönmeden, özgürce, şefkatte kalarak ifade et kendini. Böylece dedikodu, kırgınlık, utanç ya da kin duymadan kendini ifade edebileceksin. Dans et ve kanatlarını aç, sonuçta ne zaman uçacağını asla bilemezsin.

Aşkını yay, genişlet, büyüt: Sevgiyi seçme ve sevgiyi ifade etme eylemleri basit ama derin eylemlerdir ve kesinlikle titreşimini artırır. Sen sevgini ifade edip yayarken, diğerleri de bu büyük sevgiyi hissedecektir ve onu kendi içinde bulmaya başlayacaktır. Sen kendi titreşimini yükseltirken, amacının bir yan ürünü olarak etrafında bir "Aşk Salgını" yayıyor olabilirsin. Çoğu insan bana sarılmayı çok sever, benim yanımda kendilerini çok iyi hissettiklerini söylerler. Bu onların enerji alanıma uyumlanmalarından dolayıdır. Saf sevginin enerjisine herkes ihtiyaç duyar. Hayvanlara bak, doğaya bak, çocuklara bak. Onlar sevgi enerjisini en iyi verenlerdir. Ağaçlara, kedilere, çocuklara, dostuna, annene ve her şeyden önemlisi kendini çokça sarılmayı ihmal etme güzel dost.

UYGULAMALAR

Nefes Uygulamaları

Ayşe Tolga ile Denge Nefesiyle Temizlenme Meditasyonu

https://youtu.be/KJf5s_4Bd-U

Torus Nefes Meditasyonu

Bu meditasyonda öncelikle seni şuşumna kanalı dediğimiz başının üstünde yer alan taç çakranla, omurgan ve kök çakran arasında kalan bölgenin, yani torus kafesinin ortasından geçen girdaba benzer boşluk alanında merkezleyeceğiz. Bu alanda sıralanan enerji merkezleri vardır. Çakralar, meridyenler olarak kadim uygarlıklarda tanımlanan bu enerji merkezleri bedendeki organlara, salgı bezlerine karşılık gelir. Her gün aynı saatte tercihen sabah saatlerinde bu uygulamayı çalışman (asla gece bu çalışmayı yapma) enerjini yükseltecektir. Telefonunu uçak moduna al, saatini 15 dakikaya ayarla ve bu nefes egzersizini yap.

Uygulama

Ayakta derin derin nefes alırken başının tam orta üstünden yukarıya bir gümüş ışığın çıktığını ve en üst yerde oraya bağlandığını hayal et, aynı şekilde anüsle jenital bölge arasındaki orta boşluktan yeryüzüne doğru altın bir ışığın gittiğini, yeryüzünün merkezine kadar indiğini imgele.

Tam noktaya varınca oraya çapa attığını gözünün önüne getir. Şimdi yukarıya ve yere bağlandın. Bu iki noktadan derin ve uzun nefesler alarak kalp merkezine kadar indirdiğini gözünde canlandır yine. Yukarıdan aldığın nefesi alt bölgeden yeryüzüne, yerden aldığın nefesi baş ortasından gökyüzüne vereceksin. Böylece her nefes alıp verişinde bir dönüş başlatacaksın. Bu şekilde gözlerin kapalı, çember şeklinde, hiç aralık vermeden nefesini alıp vermeye odaklan, kendini zorlama, ancak derin, sakin ve uzun nefesler almaya devam et. Bu egzersizi yaparken aşağıdaki linklerdeki paylaştığım gonk ve Solfegio frekans müziklerini açarak, frekansının daha da yükselmesine yardımcı olabilirsin.

Torus Enerjisi İnsanlar Arasında Nasıl Akar?

https://youtu.be/ok3WbpauK_Y

Yoga

Hatha Yoga Güneşe Selam Duruşları

https://youtu.be/6pfzj96VVVM

Yeni Başlayanlar İçin Tam Seri

https://youtu.be/7SSpmPXkf5E

20 Dakikalık Vinyasa Yoga Serisi

https://youtu.be/KEYSO-Tc2Go

Tai Chi Egzersizleri

5 Dakikalık Başlangıç Serisi

https://youtu.be/cEOS2zoyQw4

24 Hareketlik Temel Seri

https://youtu.be/TBvF6r6DOvc

Qi Qong Egzersizleri

20 Dakikalık Kolay Egzersiz

https://youtu.be/pj4qo2KL9f4

Başlangıç Seviyesindeki Egzersizler

https://youtu.be/IyINAjEoTIs

Mantra Meditasyonları

8 Mantra Meditasyonu

https://youtu.be/zwTGyO3MdP4

So Hum Mantrası-Mutluluk

https://youtu.be/8N5kdUC0cpk

A Ham Mantrası-Çabasızlık

https://youtu.be/cDq7eEMzbaA

Esma-ül Hüsnalar

Esmaları her gün düzenli olarak okuyabilirsin. Yüksek veya alçak sesle, dudaklarından çıkması gerekiyor. İçinden zikretmen değil sesli okuman önemli ve gereklidir.

Ruhsal, zihinsel ve bedensel denge: El-Kayyum 156 kere
Her türlü sıkıntının çözümü: Ez-Zahir 1106 kere

Dileklerinin gerçekleşmesi: El-Latif 129 kere

İlim ve irfan artışı: El-Âlim 150 kere

Dert, sıkıntı ve üzüntüden kurtulma: El-Halik 731 kere

Enerjik ve neşeli olma: El-Hayy 18 kere

İşte başarı arttırma: El-Muhyi 68 kere

Kötü alışkanlıkları bırakabilme: El-Raşid 514 kere

Müzik ve Solfegio Frekanslarının Linkleri

Hang Müziği

https://youtu.be/W9_t0lIDXOw

528 HZ Tibet Gonları Şifa Frekansı

https://youtu.be/yEP2YrD-dyY

Solfegio Frekansları

Her frekans 9 dakika sürüyor, 174 Hz'den başlayarak, yavaş yavaş yükseliyor ve en sonunda 963 Hz'de epifiz bezinin aktivasyonuna destek veriyor. Bu müzik değil, daha çok bir frekans cihazı... Bu sebeple seni bazı noktalarda rahatsız edebilir, kapatmak isteyebilirsin. Daha fazla dinlemek istemeyebilirsin. Hatta başın dönebilir, sersemlemiş gibi hissedebilirsin. Hepsi normaldir, ancak tüm rahatsızlığına rağmen sakin bir şekilde dinlemeye devam etmelisin. Şifa olsun.

Enerjini Yükseltmek ve DNA Onarımı İçin 528Hz

https://youtu.be/1MPRbX7ACh8

Tüm Enerji Alanını Temizleyen ve Hücrelerini Yenileyici

https://youtu.be/goyZbut_KFY

Hücre Yenilenmesi ve Aura Temizliği

https://youtu.be/goyZbut_KFY

Saf Sevgi Enerjisi ve Yüksek Frekanslara Uyum

https://youtu.be/5T_QxR8aclQ

Bilinçteki ve Bilinçaltındaki Tüm Korkuları Temizleme

https://youtu.be/xDIbyz70brE

Faydalı Adresler

Buradaki adreslerde kitap boyunca bahsettiğim torus, yaşam çiçeği ve kutsal geometri üzerine çok faydalı belgeselleri Youtube'da bulacaksın. Bazılarının maalesef ki İngilizce alt yazıları yok.

Videolar

***Yaşam Çiçeği, Kutsal Geometri,
Kalp Enerjisi ve Torus***

https://youtu.be/7c3AVj66ahg

Torus Nedir? Torus Kafesi ve Enerjisi

https://youtu.be/mHexF4Ck-t4

Kullandığım aromaterapi yağları, adaçayı ve bitkisel tütsü buketleri, yaşam çiçeği ürünlerinin adresleri:

Ürünler:

Tüm yaşam çiçeği ürünleri
Kristaller
Aromaterapi yağları
Palo Santo
Adaçayı tütsüler
www.aysetolga.com

Gıdalar:

Çim suyu
http://www.peticim.com

Güzel Gıda-Baharatlar, Unlar, Yağlar:

http://www.guzelgida.com

Minerra-Yağlar:

http://minerradogal.com

Doğaçlama-Filizler:

https://www.dogaclama.com

BİTİRİRKEN

*"Doğrunun ve yanlışın çok ötesinde bir yer var.
Seninle orada buluşacağım."*
Mevlana

Hayat her an bu iki kutup arasında gider gelirken bize düşen merkezde durarak, iki döngüyü de anlam yüklemeden deneyimlemek. Tabii önce, bunu fark edebilmek için içgörüye, egoya yenik düşmeden sahici şekilde kendimiz olabilme cesaretini göstermek, her şeyde dengeyi yakalayabilmek ve nötr bir alanda kalabilmekse esas hedefimiz. O nötr alan ait olduğumuz yer. Gerçek dünyamız. Kalplerimizin ve özümüzün sadece o şefkatli dünyada var olacağını bilebilirsek her şey çok farklı olacak.

Bu satırları okuyan güzel ruh, elin bu kitaba gittiyse, tüm kitabı okuyup, bu satırlara geldiysen artık ihtiyacın olan frekans boyutuna uyumlanmaya hazırsın. Fizik bedenin, düşüncelerin, duyguların ve ruhun enerjisel olarak yükselmeye hazır. Şimdi yapacağın tüm bu enerjisel alanların titreşimini kitabımda anlattığım metotların ışığında yükseltmek. Titreşimini yükselttikçe istediğin gerçekliğin frekansına uyumlanır, sadece bu gerçekliği yaşarsın. Frekansın, yaşamının gerçekliğini oluşturur. Bu bir felsefe değil, fiziktir. Çünkü Tesla'nın da dediği gibi, evrendeki her şey enerjidir. Enerji ise önce düşünceyi takip eder, düşünce inanca dönüşür, inanç ise gerçekliğini oluşturur.

Gerçekliğin de kaderini şekillendirir. O halde bu dünya düzenindeki yaşamında kaderini şekillendirmeye başlamak için çalışmalarımı düzenli uygula. Hafifle ve yukarı çık.

Bizler, hangi titreşim seviyesindeysek o titreşimdeki olayları, insanları ve oluşumları hayatımıza çekeriz. Yani benzer titreşimler birbirini çeker. Pozitif titreşimdeysek pozitifi, negatif titreşimdeysek negatifi çekeriz. Bunların hepsini içimizde dengeli olarak bulundurmak ve nötr bir alanda kalabilmek ise esas hedefimiz olsun. Dünyadaki cenneti beraberce yaratabilmek dileğiyle. Ve öyledir...

"Toprak ve hava

Su ve ateş...

Gündüz ve gece

Doğu ve güney

batı ve kuzey...

Gök Baba ve Toprak Ana...

Eril ve dişil...

Kalbimde bir olsun niyetiyle!

Kutsal kalpte, kalbin en derinlerinde

Ne dişiyim, ne de erkek...

Ne suyum ne de ateş...

Ne kuzeydeyim ne de güneyde...

Hepimizin buluştuğu yerdeyim

Bir olduğumuz yerde.

Yoktan var edildiğimiz

Var iken görebildiğimiz yerde...

Sevgiyle... Şefkatle... Derin saygıyla... Sevecenlik ve zarafetle.

Aşk yolunda yürüyen

Fısıldıyorum kalbimizin en derinlerinden

Ata ruhların alçakgönüllülüğüyle

Niyetim, kendim dediğimle buluşabilmek

İnsan olmanın kutsallığını hatırlayabilmek niyeti ile

Sevgiyle, ışıkla...

Ayşe Tolga

Okuyucu Notları: